世界のトップ企業50はAIをどのように活用しているか?

バーナード・マー／マット・ワード
安藤貴子 訳

Discover
ディスカヴァー

世界のトップ企業50は
AIをどのように活用しているか?

バーナード・マー／マット・ワード
安藤貴子 訳

Discover

Artificial Intelligence in Practice:
How 50 Successful Companies
Used AI and Machine Learning
to Solve Problems
By Bernard Marr and Matt Ward

はじめに

明らかなことがひとつある。

この先、人工知能（ＡＩ）は世界をがらりと変える。しかもその変わりようは、今日多くの人が思い描いているよりもはるかに大きなものになりそうだ。どんな職業についていようと、どんな業種のどんな会社で働いていようと、あなたの仕事は一変する、とまではいかなくとも、何らかの形でＡＩの力を借りることになるのはまちがいない。

ＡＩによって機械は、見る、聞く、味わう、嗅ぐ、触る、話す、歩く、飛ぶ、そして学ぶことができるようになっている。その結果、企業は顧客とのかかわり方を１８０度転換させ、これまでよりもひときわインテリジェントな製品と、サービスと、経験とを顧客に提供し、プロセスを自動化し、事業を大きく成功させることができる。

とはいうものの、ＡＩをめぐっては誇張や混乱がはびこっているのもたしかだ。ＡＩを人間に対する最大の脅威とみなす人もいれば、労働環境改善、気候変動、がん治療、そのほか人類が抱えるさまざまな問題を解決してくれる救世主と信じる人もいる。

本書の目的は、そうした噂やデマを払拭し、実際にいまＡＩが企業にどう活用されているか、ありのままの状況を伝えることにある。


これから紹介する、さまざまな業種におけるもっとも画期的なユースケースが、ＡＩの実像を解き明かすと同時に、ＡＩがもたらす膨大な恩恵を知るきっかけになれば幸いだ。

この本はＡＩを正しく理解したいすべての人に向けて書いたので、テクノロジーの詳細はできるだけわかりやすくかみくだいて説明することを心がけた。加えて、すでにＡＩの分野で仕事をしている人たちにも役立つよう、やや専門的な話も十分に盛り込んでいる。


本書では、グーグル、フェイスブック、アリババ、バイドゥ、マイクロソフト、アマゾン、テンセントといったＡＩ界の巨人はもちろん、一見ＡＩとは無関係に思える従来型企業や、革新的なスタートアップがＡＩをいかに活用しているかを知ることができる。

いまビジネスの現場では、ＡＩ先進企業がフルスピードで前進し、多くの従来型企業はスタートで遅れをとったぶん、ＡＩの活用に懸命に取り組んでいる。そしてスタートアップはＡＩを駆使し、ＡＩ先進企業と従来型企業の両方に戦いを挑んでいるのだ。

そもそも人工知能とは何か？深層機械学習は何ができるのか？

ＡＩは魔法ではない。

ＡＩが最初に開発されたのは１９５０年代。ＡＩとは、自律的行動と学習を可能にする、知的動作をするコンピュータ・システムや機械を意味する。現在、基本的なＡＩは、データを取り込んで演算規則（アルゴリズム）を適用し、意思決定を行ったり結果を予測したりする。

データとは、たとえば手書きされた単語や文字や数字の画像である。

アルゴリズムとは、「各文字の一般的な形」や「単語間にはスペースが空く」などのルールを含む、人間が作成したコンピュータ・プログラムのようなものだ。これにより、コンピュータは手書き文字列のスキャン画像を解析し、ルールを適用し、そこに含まれている文字や数字や単語が何を意味しているのかを予測することが可能になる。

つまり、「機械が手書きの文章を認識できる」わけだ。

このようなタイプのＡＩは実用化されており、一例をあげると、１９９７年にはすでに合衆国郵政公社が宛名の住所を自動的に読み取るのに使用している。限られた用途に使う分にはこうしたＡＩで十分だ。

ところが、このようなルールベースのＡＩは、タスクがややこしい場合や、人間がかんたんにルールを説明できずアルゴリズムにプログラミングできない場合、困った事態に陥る。「言葉を話す」「歩きまわる」「人混みのなかで友人を見つける」といったことは、どれも私たちが経験を通じて自然と習得したスキルなので、ルールの説明が容易ではないのだ。

人間はそのようなスキルを成長の過程で獲得する。たとえば、さまざまなアングルから何度も顔を見ることで、ふいに出会っても「あの顔だ」と認識できるようになっているのだ。人間はこれを脳内のニューラルネットワークを介して学習する。

最新のＡＩは、人間と同様に、「人工ニューラルネットワーク」を使ってこうしたプロセスを反復し、学んでいく。人間にルールをプログラミングしてもらうのではなく、機械自体が経験を重ねることでルールをつくるのだ。

この仕組を「機械学習」という。

機械学習では、たとえば「人間の顔を含む画像」と「人間の顔を含まない画像」を数千枚入力するなどして、ＡＩをトレーニングする。コンピュータは情報を取り込み、１００パーセント自力で（「教師なし学習」）、あるいは人間の力を借りて（「教師あり学習」または「半教師あり学習」）独自のアルゴリズムを生成する。

多層構造の人工ニューラルネットワークを使い、トレーニング用データで学習を行う機械学習の手法は、「深層学習」（ディープラーニング）と呼ばれている。

深層学習によって、近年ＡＩは多方面で進化した。たとえば、コンピュータは画像や動画に映っているものや人を見て、それが何かを認識できるようになった。また、書かれた文字列や話し言葉を理解し、再現する、いわゆる「自然言語処理」の能力が与えられ、チャットボットやアマゾン・エコーのようなスマートホーム・スピーカーとして活用されている。

いまや機械学習のアルゴリズムは「習うより慣れろ」さえ再現できる

いま、深層学習がこれほど全盛なのには大きな理由がふたつある。

1．豊富なデータ

データはいわばＡＩを動かす燃料であり、今日のビッグデータ隆盛の世界では、かつてないほど多くのデータが生成されている。

「世界のデジタル化」とはつまり、人の行動のほぼすべてにデータ証跡が残り、そのデータを収集・送信するスマートデバイスがまわりにどんどん増えていくということだ。その結果、ＡＩのトレーニングに利用できるデータの種類も量も爆発的に増加しているのだ。

2．高い演算能力

いまや私たちは膨大な量のデータを保存し処理することができる。

クラウドコンピューティングが飛躍的に進歩したおかげで、企業はデータを低いコストで事実上無限に保存し、分散コンピューティングを使ってビッグデータをほぼリアルタイムで解析することが可能になった。そのうえ、チップ技術の向上により、ＡＩコンピュータをスマートフォンやその他のスマート接続デバイス上で動作させることもできる。

これは「ＩoＴ」（モノのインターネット）デバイスのエッジコンピューティングといわれている。

私たち人間は経験を重ねながら継続的に学習し、向上していく。いまや機械学習のアルゴリズムは、こうした「習うより慣れろ」アプローチさえも「強化学習」によって再現できる。

たとえば幼児は、大きく足を踏みだして転んだら、今度は少し歩幅を小さくしてみるといったように、「経験」と「結果」をふまえて、次の行動を「調整」しながら歩けるようになっていく。それと同じで、ＡＩは強化学習アルゴリズムを活用し、環境から得られたフィードバックをもとに、理想的な行動を決定する。

強化学習により、機械（ロボットなど）は自律して歩いたり、運転したり、飛んだりできるようになる。機械学習の最先端の応用の多くは、深層学習と強化学習の組み合わせなのだ。

顧客を理解し、インテリジェントな製品をつくり、ビジネス・プロセスを自動化せよ

ビジネスにおけるＡＩのおもなユースケースは3つだ。

（1）顧客理解と、顧客とのインタラクションの方法を変える。
（2）よりインテリジェントな製品、サービスを提供する。
（3）ビジネス・プロセスを改善し、自動化する。

（1）について：

ＡＩは、企業が顧客に対する理解を深め、顧客が求める製品やサービスを予想し、市場の動向と需要を予測し、顧客とのインタラクションをよりパーソナルなものにするのに力を貸すことができる。

本書では、スティッチフィックスやフェイスブックなど、顧客の真の姿を知るためにＡＩを活用している企業について見ていく。

（2）について：

ＡＩは、企業がよりインテリジェントな製品とサービスをつくり、顧客に提供するのに役立つ。顧客はもっと高性能なスマートフォン、スマートカー、スマートホーム・デバイスなど、さらに高度なインテリジェント製品を求めている。

本書では、アップルやサムスンに加え、テスラやボルボのような自動車メーカーがＡＩをどう使ってよりスマートな製品を生みだしているかを紹介する。また、スポティファイ、ディズニー、ウーバーなどの企業がＡＩをどのように活用し、よりインテリジェントなサービスを顧客に提供しているかを掘り下げていく。

（3）について：

ＡＩは、ビジネス・プロセスを改善し、自動化することができる。

本書では、自律飛行するドローン、自動化の進む配送センター、配達ロボットを用いて小売事業を変貌させているＪＤ・ｃｏｍなどの例を取りあげる。さらには、インファービジョンやエルゼビアのケーススタディを通して、ＡＩが自動で病気を診断できる仕組みのほか、ＡＩがピザの品質チェックを行うドミノ・ピザについても紹介する。

「試しに使ってみる」のではなく、いますぐビジネスモデルを一新させる

ＡＩの適用を検討するうちに、どんな企業もたいていビジネスモデルを「一新させる」、あるいはビジネス・アプローチを「根本から変える」ことになる。

重要なのは、第四次産業革命が起きているいま、企業はもはや時代遅れのビジネスモデルを「改良」するためにＡＩを使ってはならないという点だ。

ＡＩの利用に乗りだすのなら、まずはデータ戦略を定め、企業にとって最大の機会は何か？　最大の脅威は何か？を明らかにして、もっともインパクトのある用途に的を絞らなければならない。ＡＩをただ「試しに使ってみる」だけでは、事業を成功に導けるだけの変化は起きない。それを認

識しておくことが大事なのだ。

本書では、50の企業が実際にＡＩをどう活用し、現実の問題を解決してきたか紹介する。

パート1はＡＩ先進企業のケーススタディだ。ここで紹介する企業は、ＡＩがもたらす機会をがっしりとつかみ、その機に乗じて業界を変革し、他社がうらやむような事業成果を達成している。ほとんどの企業が、ビジネスのあらゆる側面にまったく新しい方法でＡＩを導入しているので、それらの事例を通して、「ＡＩによって何ができるか」について質の高い知見を得ることができる。パート2では小売、消費財、食品・飲料企業について検討する。パート3では、メディア、エンターテイメント、電気通信会社のＡＩ活用方法を掘り下げる。パート4で取りあげるのは、金融サービスや医療を含むサービス部門だ。そしてパート5では、製造業、自動車、航空宇宙、インダストリー4・0のケーススタディを見ていく。

本書を最初から最後まで読んでもいいし、いちばん興味のあるケーススタディなり業種なりを拾い読みしてもいい。一見、自分にはまるで無関係に思える業種や、こんな大規模ＡＩ導入なんてできるわけがないというユースケースであっても、必ず何かヒントが見つかるはずだ。

ＡＩの活躍の場はそれだけ、広く、多様で、深い。ぜひ、楽しんでほしい！

用語集

- **機械学習**
  machine learning
  人工知能を実現させる技術のひとつ。機械（コンピュータ）がデータから反復的に学習し、そこに潜むパターンや特徴を見つけだすもの。

- **強化学習**
  reinforcement learning
  答えのわからない問題に対して、プログラム自体が試行錯誤を通じて「価値を最大化する行動」を学習していく機械学習の手法。

- **半教師あり学習**
  semi-supervised learning
  正解のある「ラベルつきデータ」と、正解のない「ラベルなしデータ」の両方を使用する機械学習の手法。

- **教師あり学習**
  supervised learning
  事前にコンピュータに手本となる正解を与え、それをもとにさまざまな入力データについても正しい答えが導きだせるような学習を行わせる機械学習の手法。

- **教師なし学習**
  unsupervised learning
  正解ではなくデータだけをコンピュータに与え、それをもとにコンピュータ自体が特徴を見つけだし、分類していく機械学習の手法。

- **自然言語処理**
  natural language processing
  人間が日常的に使っている日本語や英語などの自然言語を、コンピュータに処理させる一連の技術。

- **ニューラルネットワーク**
  neural network
  脳機能の特性をコンピュータ上で表現するために、人間の脳のなかにある神経回路網を数字モデルで表現したもの。

- **コンピュータビジョン**
  computer vision
  コンピュータに画像データを取り込んで、人間の視覚と同じか、場合によっては人間には不可能な視覚処理を実行し、さまざまなタスクをこなすために必要な情報を抽出する技術。

- **ニューラルプロセッシング・ユニット**
  neural processing unit
  人間の脳神経系を模したニューラルネットワークを組み込んだ、人工知能専用のプロセッサー。本来クラウドベースで行われる機械学習による画像認識などを端末で実行できるようになる。

- **コグニティブ・コンピューティング**
  cognitive computing
  従来のコンピュータのように与えられた情報を計算するだけでなく、自律的に考え、学び、理解し、行動するシステムのこと。答えがひとつとは限らないあいまいな問いかけに対して、自ら仮説を立てて最善の答えを導きだし、その答えに対するフィードバックを蓄えて、自ら学習して正確な答えがだせるように進化していく深層学習の能力も備えている。人間の脳を模倣するAIに対し、コグニティブ・コンピューティングは人間の意思決定にアドバイスしたり、人間の能力を補強したりするなど、人間をサポートすることを目的に設計されている。

- **マシンビジョン**
  machine vision
  デジタルセンサーを利用して画像を取り込み、コンピュータが処理を行って機器を動作させるシステム。いわゆるロボットの目として、工場の自動化を実現する技術のひとつ。

- **深層学習**
  deep learning
  大量のデータがあればコンピュータが自動的に特徴を抽出する、ディープニューラルネットワークによる機械学習の手法。「ディープラーニング」ともいう。

- **畳み込みニューラルネットワーク**
  convolutional neural network
  何段もの深い層をもつニューラルネットワークで、画像認識のタスクで優れた性能を発揮するアルゴリズムとして使われている。

目次

Part 2 小売、消費財、食品、飲料会社

Part 3

メディア、エンターテイメント、電気通信会社

Part 4 サービス、金融、ヘルスケア企業

Part 5

製造業、自動車、航空宇宙、インダストリー4・0企業

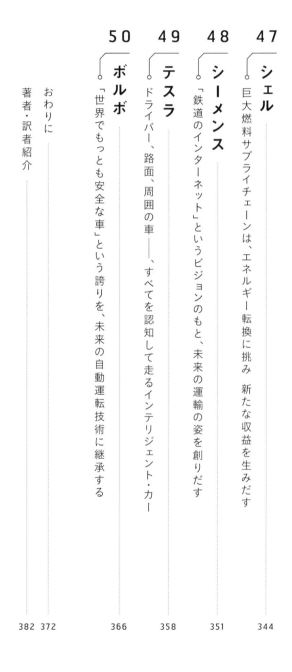

Part

1

Artificial Intelligence Trailblazers

AI戦略の先端を行く企業

先見の明をもってAIの可能性を見抜き、どこよりも先んじて実装してきた企業は、業界のみならず社会全体に革命的なムーブメントを起こしてきた。いまや、私たちの生活は、これらの企業なしには成り立たないといっても過言ではない。彼らはどのような機に乗じて、新しいビジネスを創出してきたのか。そして、これまでと同様に先頭を切って走りながら、これからどこへ向かおうとしているのだろうか。

アリババ／アルファベット（グーグル）／アマゾン／アップル／バイドゥ／フェイスブック／IBM／JD.com／マイクロソフト／テンセント

1 アリババ

未来の小売事業の姿を示し 農業に革命を起こす、AIの新たなユースケースを生みだす

アリババ・グループは、ウェブポータルを通じて世界最大の電子商取引ネットワークを運営する中国の多国籍複合企業だ。その傘下には、アリババドットコム、タオバオ（淘宝）、テンマオ（天猫）、アリエクスプレスなどがある。

総流通総額はアマゾンとイーベイの合計を上まわり[1]、同グループはグローバルなオンライン小売プラットフォームの構築から得た知見を、ほぼすべての事業分野とテクノロジー分野に活かしている。電子商取引、小売サービス、電子決済のほか、企業間取引（B2B）クラウドサービスの成功により、アリババの時価総額は一時5000億米ドルを超えた。

アリババのオンライン・ショッピング・ポータルでは、顧客は人工知能（AI）ツールを使って

ほしいものを見つける。世界最大のクラウドサービスプロバイダーとして、アリババはプラットフォームやツール、クラウドサービスをほかの企業にライセンス提供し、ＡＩの利用に力を貸している。

それだけではない。都市をまるごと「スマートシティ」に変える数々のプロジェクトを通じて、アリババは社会全体で広範囲にＡＩ事業を展開している。さらに、増え続ける人口への食料供給の問題を低減するため、中国（および世界）の農業・畜産業に革命を起こそうと計画中だ。

◦中国の膨大な人口が、とてつもない顧客データを生んだ

中国政府は、ＡＩには経済成長を牽引するはかり知れない潜在能力があると確信し、企業によるＡＩ導入の取り組みを徹底的にサポートしている。中国は２０３０年までに1兆米ドル規模の産業を育成し、ＡＩで世界をリードすることを目指している。[2]

それに加えて、膨大な人口を抱える中国の企業は、顧客の生活に関するとてつもない量のデータを利用できるという事実からしても、中国はＡＩの発展にうってつけの土壌といっていい。

アリババのポータルサイトは、サイトを訪れ、買いたいものを探す顧客に商品を提示するのにＡＩを活用している。そのために、訪問者それぞれに合ったカスタム・ページビューを作成し、彼らが興味をもちそうな、適正な価格の商品を見せる。

ＡＩは顧客行動をモニタリング――購入するか、ほかの商品を見るか、サイトを離れるか――しながら、リアルタイムで顧客の好みを学習し、ページビューに調整を加え、サイトの訪問を購入につなげていく。

売り上げに結びつきそうな商品ページをつくるのに、アリババはタオバオのポータルサイトに「強化学習」のひとつとして知られる「半教師あり学習」を導入し、トレーニングを行った。[3]

リアルタイムの顧客行動から「教師なし学習」アルゴリズムを訓練するのには、十分なユーザデータを集めるのにかなりの時間がかかるうえ、現実のビジネスリスクをともなう。そこでアリババは「バーチャル・タオバオ」を構築し、数十万時間分にも相当する過去の顧客データをもとに顧客行動のシミュレーションを実行した。

このようにして得られた膨大なデータによって、ごく短期間のうちに著しく多様化する顧客行動を学習することが可能になった。

アリババはまた、独自のＡＩチャットボット「デンシャオミー」も開発した。デンシャオミーは1日3億5000万件を超える顧客からの問い合わせに対応し、そのうちの9割以上を正確に解決している。これらのツールは、同社が設けた「独身の日 特別セール」イベントなどの際に、激増する問い合わせに対処するために必要だった。[4]

◦「ＡＩコピーライター」が利用者のクリック率を稼ぐ

複数のサイトで数百万もの異なるアイテムを販売するアリババは、商品情報の作成作業の負担を減らすため、コンテンツ自動生成システムに投資を行ってきた。

開発された「ＡＩコピーライター」は、ニューラルネットワークの「深層学習」と「自然言語処理」アルゴリズムを活用し、1秒間に2万行のキャッチコピーを生成する。[5]

「どうすれば、検索結果に表示される自社商品へのリンクを顧客にクリックしてもらえるか？」

――これを知るのに、それまでは人間のコピーライターが何時間もかけてキーワードやクリックスルー率を調べなければならなかった。しかしＡＩコピーライターなら、プラットフォームを利用する販売業者も利用できる。ボタンをクリックするだけでコピーが完成する。

仕組みはこうだ。まず複数パターンの広告がつくられ、顧客行動データによって訓練されたアルゴリズムがそれらをひと通り提示する。次にシステムが、どの言葉の組み合わせが顧客のクリックを促す可能性がもっとも高いかを割りだし、それをもとにコピーを生成する。

○都市をスマートに、農業をスマートに

アリババは、スマート・オンライン技術によってインフラが接続された都市で、交通の流れ、市街地の照明、ゴミの収集管理などのタスクを実行するクラウドベースのＡＩツール「シティブレイン」を開発した。

シティブレインはすでに、９５０万人都市である杭州市内のすべての道路の交通量を追跡管理している。報告によればその結果、渋滞が約15％緩和した。[6] まもなくマレーシアのクアラルンプールにもこのシステムが整備される予定だという。

シティブレインは交通の流れを監視し、交通量モデルを構築して渋滞の発生時間を予測する。渋

滞が起こりそうな兆候を確認すると、信号機のパターンを変えて交通の流れを促し、全体をコントロールすることができるので、混雑が起きにくくなる。

上海の地下鉄各駅のスマート券売機にも、アリババのＡＩが搭載されている。券売機は顧客の求めに応じて経路案内を提供し、顔認証技術を使って顧客の本人確認を行う。[7]

さらに、アリババは家畜や農作物をモニタリングするＡＩシステムを開発した。豚の生産量、消費量ともに世界最大である中国の養豚農家は、テクノロジーを活用して豚の健康状態を記録し、餌や運動の量を増やすタイミングの決定を自動化している。[8]

中国は、増えるいっぽうの人口に対する食料供給の課題に直面している。ＡＩシステムで健康な豚を育て、生まれたばかりの子豚の死亡率を下げることで、農家は繁殖率を最適化することができる。このシステムはまた、農作物の栽培や土地管理にも適用されている。

○ グローバルに拡大するアリババＤＡＭＯアカデミー

アリババのＡＩ戦略の基盤は、最先端の機械学習／深層学習ソリューションを、クラウドサービスを通じて企業や顧客に提供することにある。

同社の企業向けＡＩプラットフォームは、世界18カ所以上のデータセンターを運営する子会社のアリババクラウドにより提供されている。これらのデータセンターが、同社が提供するＡＩアルゴリズムとデータ処理技術ハードウェアをホストしている。

２０１７年にアリババは、向こう3年間で１５０億米ドルを投資し、ＡＩの研究開発施設のグローバル・ネットワークを拡大すると発表した。「ＤＡＭＯ（Discovery, Adventure, Momentum and Outlook）アカデミー」と銘打ったこのプログラムでは、北京、杭州、サン・マテオ、ベルビューのほか、モスクワ、テルアビブ、シンガポールの研究所で、今後１００名の研究者が採用される予定だ。[9]

研究所では、機械学習、自然言語処理、モノのインターネット、ヒューマン・マシン・インタラクション（訳注：ユーザインターフェースを介した人間と機械のコミュニケーションや相互作用）、量子コンピューティングにフォーカスした研究が行われる。

ラーニングポイント

- 中国において、アリババは研究開発にもっとも多額の投資をしており、世界のＡＩリーダーの座をめぐる争いで有利なスタートを切った。早期の投資の決断が命運を左右したのだ。
- 数百万もの顧客や企業にクラウドサービス経由でＡＩを導入。それにより顧客はリスクとインフラコストを軽減し、アリババは顧客行動に関する貴重なデータを入手できる。データがいかに重要かを完全に理解している。
- 小売ポータルサイトにおける売り上げ増を目的につくられたテクノロジーを、社会の問題解決に応用することによって、既存の業務範囲外でＡＩの新たなユースケースを生みだしている。

1. Institutional Investor, Ali Baba vs The World: *https://www. institutionalinvestor.com/article/b1505pjf8xsy75/alibaba-vs-the-world*
2. CNBC, China is determined to steal A.I. crown from US and nothing, not even a trade war, will stop it: *https://www.cnbc.com/2018/05/04/china-aims-to-steal-us-a-i-crown-and-not-even-trade-war-will-stop-it.html*
3. Virtual-Taobao: Virtualizing Real-world Online Retail Environment for Reinforcement Learning: *https://arxiv.org/abs/1805.10000*
4. SCMP, Alibaba lets AI, robots and drones do the heavy lifting on Singles' Day: *https://www.scmp.com/tech/innovation/article/2119359/alibaba-lets-ai-robots-and-drones-do-heavy-lifting-singles-day*
5. BBC, The world's most prolific writer is a Chinese algorithm: *http://www.bbc.com/future/story/20180829-the-worlds-most-prolific-writer-is-a-chinese-algorithm*
6. Wired, In China, Alibaba's data-hungry AI is controlling (and watching) cities: *https://www.wired.co.uk/article/alibaba-city-brain-artificial-intelligence-china-kuala-lumpur*
7. Technology Review, Inside the Chinese lab that plans to rewire the world with AI: *https://www.technologyreview.com/s/610219/inside-the-chinese-lab-that-plans-to-rewire-the-world-with-ai/*
8. Financial Times, Alibaba brings artificial intelligence to the barnyard: *https://www.ft.com/content/320fb98a-69f4-11e8-b6eb-4acfcfb08c11*
9. CNBC, Alibaba says it will invest more than $15 billion over three years in global research program: *https://www.cnbc.com/2017/10/11/alibaba-says-will-pour-15-billion-into-global-research-program.html*

2

アルファベット（グーグル）

ＡＩが社会にもたらす影響は、過去のどんなブームよりもはるかに大きい

アルファベットは米国に本拠を置くインターネット・サービス、テクノロジー、生命科学の多国籍複合企業だ。子会社にはインターネット検索大手のグーグル、生命科学企業のヴェリリーのほか、自動運転技術のウェイモ、スマートホーム・デバイスを扱うネスト、ＡＩ企業のディープマインドなどがある。

アルファベット社長のセルゲイ・ブリンは、２０１７年の「創業者からの手紙」（訳注：株主に向けてグーグルの方針やミッションを説明した書簡。新規株式公開を行った年から毎年公開されている）に次のように記している。「ＡＩの誕生は、私の人生のなかでもっとも重要なコンピュータの進化だ[1]」。

○「本当に求めている検索結果はこれですね」

世界でもっとも多くの人が利用しているグーグルの検索エンジンには、そこかしこにＡＩが採用されている。テキスト、音声、画像、いずれの検索機能を使う場合も、すべてのクエリ（訳注：データベース管理システムに対する問い合わせや要求を、文字列として表したもの）は、いまや自己学習するスマート・システムによって処理されている。[2]

テキスト検索も音声検索も自然言語処理を採用しているので、アルゴリズムは単語ひとつひとつの意味だけでなく、それらとほかのすべての単語との関係を理解しようと試みる。

グーグルの画像検索には、「コンピュータビジョン」が採用されている。カテゴリーに分けた画像データの内容を認識することで、ユーザがテキストないし音声を使ってそれらを検索できるようにしている。また、深層学習アルゴリズムによって、ＡＩは画像に含まれるさまざまな要素を的確に認識してラベルづけできるようになる。多様な画像データに触れれば触れるほど、ＡＩの認識能力は向上するのだ。

「ユーザが本当に求めている検索結果はこれだ！」と決定すると、ＡＩはそれとオンライン・コンテンツ――ウェブページ、画像、動画、文書――のディレクトリをマッチングさせる。こうした処理を実行するのも、やはり機械学習システムなのだ。

機械学習システムは、ディレクトリ内のすべてのコンテンツを分類、ランクづけ、フィルタリングするようトレーニングされている。コンテンツについては、引用（リンク）される頻度、含まれる情報の正確性、情報がスパムや広告である可能性、違法だったり著作権侵害だったりするおそれはないか、などが吟味される。

要するに、かんたんなグーグル検索ひとつにも、じつは複雑かつきわめて高速なＡＩの演算処理能力が大きくかかわっているというわけだ。世界中で毎日発生する数十億もの演算処理を可能にするシステムを構築したことにより、アルファベットとグーグルは、まさにＡＩ分野の巨人（さらには世界でもっとも時価総額の高い企業）の地位を手に入れた。

ほかにも、Ｇメールのアカウントを安全に管理するセキュリティ対策、興味をもっていそうな顧客の検索結果に企業が有料で広告を表示できるグーグル広告など、コアアプリケーションの多くにＡＩが活用されている。

◦ＡＩパーソナルアシスタントは幼年期を終えつつある

音声認識技術を利用したＡＩパーソナルアシスタントが登場して数年がたつ。なかでも「グーグルホーム」、アマゾンの「アレクサ」、アップルの「Ｓｉｒｉ」が人気だ。

このような自然言語処理を実装した消費者向けデバイスは、ほんの数年前には思いつきさえしなかったことを可能にすると考えられていた。ところが、いざ使ってみると、私たちはその限界を知ることになる。比較的短い指示には正しく反応できるものの、人を相手にするときと同じように話しかけると、ボロが出はじめるのだ。

なぜか。それは、ＡＩパーソナルアシスタントが人間でいえばまだ乳幼児の段階にあるからだ。平たくいうなら、まだ十分なデータをもっていないのである。ただし、そんな状況も急速に過去になりつつある。その先頭に立つのが、新技術の「グーグルデュプレックス」だ。

デュプレックスはじつに自然で、意味のある会話をすることができる。というのも、デュプレックスには特定のシチュエーションに合わせたきめ細かいトレーニングがなされていて、そのアルゴリズムはそうしたシチュエーションに関連するデータの収集のみに特化しているからだ。その能力を示す一例として、グーグルはユーザに代わって美容室に電話で予約を入れる機能を紹介している。[3] ある程度パターンの決まったケースでは、限りなく人間に近いふるまいができるようになっているのだ。

機械の声をより人間らしくするため、グーグルのエンジニアは人の発話パターンに含まれる不明確な要素をデータに組み込んだ。これからはたとえば、人間のように自然なタイミングで、デバイスが「うーん」「あー」「ふーん」などの言葉を発するようになるだろう。

○スマートな翻訳、スマートな交通網で社会が変わる

ひとつの言語の話し方を教えれば、そのあとはコンピュータ自体が学習してどんな言語も話せるようになる。それがグーグルの言語翻訳サービスだ。これは、深層学習を使って、言葉を基本的な構成要素に分割することで可能になった。

ユーザがインプットする言葉が増えていくと、グーグル翻訳は深層ニューラルネットワークを

使ってそのアルゴリズムを改良していく。つまり、正確な翻訳をますます効率的に生成できるようになるのだ。グーグルはさらに、翻訳機能をグーグルアシスタント対応のヘッドフォン「ピクセル・バッズ」に盛り込み、ユーザの会話をほぼリアルタイムに翻訳することさえ可能にした。[4]

また、アルファベット傘下の自動運転車開発企業ウェイモは、世界でもっとも成熟した自動運転プラットフォームをもち、自動運転車を使った配車サービスを世界ではじめて商用化した。[5]

アルファベットは、高度に自動化され、ハンドル操作などのドライバーの制御をいっさい必要としない独自の車両の開発を進めてきた。都会で自動車を所有するのはコストが高く利便性に劣る。そんな新たな時代に向けて考案されたウェイモのサービスが目指すのは、「ライドシェアリング・ネットワーク」の構築だ。アルファベットは、それが近い将来スマートシティにおける交通網の一翼を担うと予測している。

。プロの囲碁棋士に勝ったディープマインド

アルファベットのＡＩ戦略の秘密兵器は、２０１４年に買収したディープマインドだ。

ディープマインドは、「ゲームをするよう訓練された脳をシミュレーション」するニューラルネットワークの構築に特化した英国のスタートアップである。ディープマインドの研究者は、脳がさまざまな認知的問題に対処する方法を研究し、データを駆使して、人間と同じ方法で問題解決を試みるマシンを開発することに成功した。この技術は、2016年、人間のプロの囲碁棋士に勝利をおさめた世界初のコンピュータに搭載されて話題になった。[6]

ディープマインドが開発したAI技術は、今日、データセンターの冷却システムの効率の最適化、アンドロイドのオペレーティング・システムが動作するモバイル・デバイスのバッテリー寿命の管理など、アルファベットのいくつかのスマート・アプリケーションに活用されている。

ラーニングポイント

- アルファベットとグーグルは、AIが社会にもたらす影響は、インターネットの登場をはじめとする過去のどんなブームよりもはるかに大きいと予想していた。
- ブームのトップに立つためには何が必要か？　アルファベットは検索から広告、言語翻訳、発話処理、スマートホーム、自動運転にいたる分野でどこよりも多くのデータを集めた。おかげで、一流のサービスを開発し続けることができた。

。検索エンジンを動かすのに必要なクエリの処理能力、超高速アクセスを整備し、グーグルは「既存のインフラ」をＡＩに適用することができた。

1. Alphabet, 2017 Founder's Letter: *https://abc.xyz/investor/founders-letters/2017/index.html*
2. Search Engine Land, FAQ: All about the Google RankBrain algorithm: *https://searchengineland.com/faq-all-about-the-new-google-rankbrain-algorithm-234440*
3. Google, Google Duplex: An AI System for Accomplishing Real-World Tasks Over the Phone: *https://ai.googleblog.com/2018/05/duplex-ai-system-for-natural-conversation.html*
4. The Verge, The Pixel Buds' translation feature is coming to all head- phones with Google Assistant: *https://www.theverge.com/circuitbreaker/2018/10/15/17978298/pixel-buds-google-translate-google-assistant-headphones*
5. Financial Times, Alphabet's Waymo begins charging passengers for self-driving cars: *https://www.ft.com/content/7980e98e-d8b6-11e8-a854-33d6f82e62f8*
6. Wired, Google's AI Wins First Historic Match: *https://www.wired.com/2016/03/googles-ai-wins-first-game-historic-match-go-champion/*

3

アマゾン

顧客が注文する前から商品を準備する「予測出荷」は、もはや荒唐無稽ではなくなった

ジェフ・ベゾスはアマゾンをオンライン書店として設立したが、じつのところ、彼にとって売るものは何でもよかった。ベゾスが本当に目指していたのは、必ずやってくると確信していた「オンライン小売ブーム」を席巻するテクノロジー企業をつくることだった。

いまや時価総額で米国第三位となったアマゾンは、多国籍Eコマースの巨人であり、世界有数のクラウドサービスプロバイダーでもある。中核事業の小売とクラウドビジネスのほか、出版・映画・テレビ事業も手がけ、電子書籍リーダーの「キンドル」のほか「ファイヤー・タブレット」「ファイヤー・テレビ・スティック」「アマゾン・エコー」といった消費者製品を製造している。

創業間もない1990年代から、アマゾンは予測解析を使用してきた。そのシステムは、有名な

レコメンド・エンジンからフルフィルメントセンター（訳注：アマゾンは物流拠点や配送センターをこのように呼んでいる）で働くロボットの最適化にいたる、ビジネス全体に導入されている。

それでも満足することなく、機械学習の能力の高まりを実感し、オンライン小売の巨人は10年ほど前から業務のあらゆる側面の再評価に乗りだした。

小売市場でウォルマートやターゲットと競うだけでは満足せず、アマゾンは自らをグーグル、フェイスブック、アップルのライバルと位置づけ、テクノロジー業界のリーダーの座をつねに狙っているのだ。

そのために、深層学習をコアサービスに実装するほか、アレクサ搭載のエコーによるホームオートメーションや、レジなし小売店などの新しい領域にもその適用範囲を拡大しつつある。

将来を見据え、アマゾンはドローンによる自動配達や、消費者の行動を予測して注文すらしないうちから商品の出荷作業を進める「予測出荷」を含む、壮大なプランを立てている。

。「この商品を買った人はこんな商品も買っています」の裏側

アマゾンはどこよりも早くレコメンド・エンジン——私たちにものを売ることを目的とした検索エンジン——の開発に取り組み、これを創業当初から事業戦略の中核としてきた。長年にわたり解析機能は水面下で高度化してきたが、その仕組みは一貫して変わっておらず、収集したデータに従って顧客を区分し、顧客行動をモデル化して、「同じパターンをもつほかの顧客に人気の商品」とその顧客とを結びつけている。

2014年はじめ、アマゾンは最大規模のレコメンド・システムの徹底的な見直しに着手し、同時に深層学習アルゴリズムの予測ツールへの実装を開始した。[1] 現在深層学習は、「よく一緒に購入されている商品」や「この商品を買った人はこんな商品も買っています」などの提案機能をはじめ、ユーザ個人に合わせたショッピング経験を提供するためのサイト設計を強化している。

深層学習は、人間の脳が「学習する」やり方をまねるニューラルネットワークを何層にも結合した機械学習の方法のひとつだ。これらのアルゴリズムにはさまざまな状況に適応する能力があるため、データ（アマゾンの場合は取引や顧客行動に関するデータ）に含まれるパターンなり関連性なりを、徐々に効率よく見つけられるようになっていくのだ。

グーグルの検索、フェイスブックのフィード、ネットフリックスのおすすめ映画の提案とまったく同じで、アマゾンのレコメンド・エンジンを動かしているのはアルゴリズムだ。テクノロジー業界のトップを狙うライバルと同様に、アマゾンはＡＩ革命を牽引するテクノロジーとして、自信をもって深層学習を後押ししている。

アマゾンには重要なＡＩ活用事例がもうひとつある。フルフィルメントセンターだ。そこでは、毎日顧客が注文する数百万の商品が、人間だけでなく最先端のＡＩ搭載ロボットによってピックアップされ、梱包されている。

ロボットと聞いてパッと思い浮かぶ機械をイメージしていると、アマゾンの倉庫ロボットは「らしくない」といえるかもしれない。なぜなら、一見平べったい形をした動く台にしか見えないからだ。[2] しかし、深層学習アルゴリズムによって駆動されるこれらのロボットは、可動式商品棚に囲まれた巨大な迷路のなかをスイスイと進み、必要な商品を見つけ、それぞれの注文内容に合った商品をそろえる人間のピッカーのもとに運んでいくことができる。

ロボットは人間よりもかなりきつい条件で作動できるので、その導入は商品在庫スペースの最大化に役立ち、注文処理の迅速化による収益増につながった。世界中のアマゾンのフルフィルメントセンターには現在、10万台のロボットが配備されている。[3]

◦家庭へのAI普及の鍵はインターフェースだった

AI搭載のパーソナル・ホームアシスタント・デバイスは、アマゾンが最初に導入した2015年当時は「奇抜なもの」という印象だった。しかし、いまではそんな印象を受けたことが不思議な気がする。

2018年には、そうしたデバイスは米国の家庭の16%に普及していて、アマゾンやグーグルが今後もそれらの改良、工夫、販売を継続していけば、その数字がさらに増えるのは確実だ。[4]

そうした大躍進にはきっかけがある。アマゾンが、家庭へのAIの浸透を妨げている最大の要因は、「高度な家事を行う能力にまで成熟したテクノロジーの不在」ではないと気づいたことだ。問題はインターフェースにあったのだ。家事そのものをやってくれるテクノロジーではなく、家事をする人間を快適にしてくれるテクノロジーが必要だった。たとえば部屋のライトをつける、音楽を流す、レシピ本を読み上げるなどのサポートをしてくれるテクノロジーだ。エコーのおかげで、私たちは自分の声を使って、ホーム・デバイスと容易にコミュニケーションをとれるようになった。

アレクサが音声コマンドを正確に理解できるのは、アマゾンがその自然言語アルゴリズムに深層学習を実装したからだ。[5] 音声コマンドを処理していくうちに、アレクサは人間の微妙な話し方のちがいをうまく理解できるようになる。処理する音声データをもとに、深層ニューラルネットワークが私たちの話し方を巧みに「学習」していくというわけだ。

○アマゾン・プライム・エアが飛び交う未来

アマゾンの大がかりなプロジェクトのひとつが、無人航空機（ドローン）による荷物の配送だ。2013年の発表当時は、注文から30分以内に顧客のもとに届けるのを目標としていた。[6] 以降アマゾンは、英国ケンブリッジにあるフルフィルメントセンターから、初となるドローンを使った配送システムの実証実験を行っている。

ドローンを制御するシステムの基本となるのもまた機械学習だ。[7] プロジェクトの発表から数年がすぎたものの、ドローンの利用が一般的になるにはまだまだ遠く、克服すべき規制面のハードルもある。ドローン技術の詳細をアマゾンは公表していないが、障害物を避けて飛行し、安全な着陸場所を特定するのに、コンピュータビジョンが採用されている可能性が高い。

ラーニングポイント

- オンライン企業であるアマゾンは、予測解析の効果に早くから気づいていた。次のステップとして、AI——既存のどのテクノロジーよりも確実に正確な予測が可能——を採用するのは当然の流れだ。
- レコメンド・エンジン・アルゴリズムへの組み込みが奏功し、テクノロジーの利用拡大がなされた。ひとつの奏功から、音声アシスタントのアレクサや、ドローン配送サービスのアマゾン・プライム・エアの開発につながった。
- 現在アマゾンは、ほかの企業のオートメーション化やAIの利用に力を貸している。具体的には、AWS（アマゾンウェブサービス）のプラットフォームを介して機械学習や深層学習テクノロジーを提供している。何しろ、昔からいわれているように「ゴールドラッシュでいちばん儲けるのはシャベルを売る者」なのだから！

1. Wired, Inside Amazon's Artificial Intelligence Flywheel: *https://www.wired.com/story/amazon-artificial-intelligence-flywheel/*
2. Robots, Drive Unit: *https://robots.ieee.org/robots/kiva/?utm_source=%20spectrum*
3. IEEE Spectrum, Brad Porter, VP of Robotics at Amazon, on Warehouse Automation, Machine Learning, and His First Robot: *https://spectrum.ieee.org/automaton/robotics/industrial-robots/interview-brad-porter-vp-of-robotics-at-amazon*
4. Tech Crunch, 39 million Americans now own a smart speaker, report claims: *https://techcrunch.com/2018/01/12/39-million-americans-now-own-a-smart-speaker-report-claims/*
5. Quora, How does Amazon use Deep Learning?: *https://www.quora.com/How-does-Amazon-use-Deep-Learning*
6. CBS, Amazon unveils futuristic plan: delivery by drone: *https://www.cbsnews.com/news/amazon-unveils-futuristic-plan-delivery-by-drone/*
7. Amazon, Machine Learning on AWS: *https://aws.amazon.com/machine-learning/*

4 アップル

プライバシー保護を最優先することで、独自の「AI生態系」を創出する

アップルは世界最大の収益を誇る情報テクノロジー企業だ。カリフォルニア州に本社があり、iPhone、アイパッド、マック、アップルウォッチ、アップルTVなどの象徴的なスマートテクノロジー製品、さらにそれに関連するソフトウェアやサービスのデザイン、開発、販売を行っている。2018年には時価総額1兆米ドルを超えた世界初の上場企業となった。[1]

アップルはそのデバイスを中心にAI戦略を展開し、近年では優れたセキュリティと、ユーザの興味をそそるユニークな経験を創出する能力をもって、自らを「オンデバイスAIテクノロジーのパイオニア」と位置づけている。

◦クラウドではなく、デバイス上で直接動作するアルゴリズム

アップルは、独自のセンサーによって収集されたデータセットをもとに、独自の機械学習が可能な、強力な携帯端末の開発を目指している。それは、ほかの多くのテクノロジー企業が支持する、クラウドコンピューティングや低出力端末が主役となる将来像とはまるで異なっている。

アップルが思い描いているのは、電話や時計やスピーカーに搭載された強力な中央処理装置（CPU）（訳注：コンピュータの主要な構成要素のひとつ。プログラムを実行しデータの処理を行う）や、画像処理装置のチップによって、デバイス上で直接動作する機械学習アルゴリズムだ。

ひとつの例が、iPhoneXのモデルに搭載されたニューラル・エンジンの開発だ。[2] これは、深層学習に必要なニューラルネットワークの演算に特化して特別に設計されたチップである。このチップは、ログインのための顔認証機能「Face ID」や、ユーザがきれいな写真を撮ったり、おもしろいエフェクトをかけたり、拡張現実を利用したり、バッテリー寿命を管理したりするのに一役買っている。[3]

また、デバイス上で機械学習を実行するほうが、クラウドからデータが抽出され、知見が実行可能になるのを待つよりもはるかにスピーディーだ。ただし、欠点がないわけではない。1台のデバイスで集められたデータでしか訓練がされないとなれば、そのアルゴリズムは、クラウド上でのように膨大なデータの活用メリットが得られないのだ。

そこでアップルは、ユーザデータの保護にフォーカスすることにした。慎重な扱いが求められる個人情報を端末だけで処理し、転送の必要がないようにすることで、データの安全性に対する顧客の信頼を高められると期待しているのだ。

アップル独自のAI生態系の中心にあるのが、「Core ML」フレームワークだ。これによって開発担当者が深層学習、コンピュータビジョン、自然言語処理を含む機械学習アルゴリズムを各製品に搭載することが可能になる。「Core ML」はアップルの音声アシスタントSiriや、iPhoneのカメラ、QuickTypeキーボードのAI機能にも組み込まれている。[4]

◦ほかでは手に入らない、魅力的な機能を提供し続ける

iPhoneの成功は、App Storeの功績によるところが大きい。2008年の発売当時は、ユーザは時間をかけてスマートフォンにアプリをダウンロードしていたが、徹底的にムダを省いた効率的なApp Storeのおかげで、iPhoneユーザは以前よりももっと直感的に機能をカスタマイズしたり追加したりすることができるようになった。

アプリをたくさんダウンロードしたユーザはアップル製品を手放せなくなる――そうした生態系の仕組みに通じていたアップルは、開発担当者にサードパーティ製のアプリにもAIを組み込むよう強く求めた。こうした戦略の狙いは、他社のモバイル・プラットフォームでは手に入らない魅力的な機能を「提供し続ける」ことだ。そのためにアップルは、デバイス上でアプリを動かすことができる、「Create ML」のようなツールを開発者に提供してきたのだ。

わかりやすい例をあげよう。バスケットボールのシュート練習支援アプリ「HomeCourt」だ。ユーザはコートに向かってカメラを設置するだけ。機械学習がコートにいるプレーヤーたちを

タグづけし、彼らがパスを出したりシュートを打ったりするたびにそれを撮影して、コート上のプレーヤーの位置まで記録する。そのすべてを実行するのが、クラウドを経由せずデバイス上で稼働するコンピュータビジョンのテクノロジーだ。[5]

また、「Polyword」と呼ばれるアプリは、コンピュータビジョンと機械学習を活用し、ユーザがカメラを向けるあらゆるものの名称を30カ国語で表示する。[6] ほかにも、撮影中の写真を厳しくチェックして改善点をリアルタイムで教えたり、重要と思われる情報がしかるべきタイミングで届くよう通知を管理したりする機能がある。

○「I'm going to Kilkenny」が判断できるように

アップルが発表したSiriは、世界ではじめて一般に使用されるようになった自然言語処理(NLP)機能つきのAI対応音声アシスタントだ。競合他社のAIにくらべて革新性に欠けるとの批判はあるものの、[7] 最近のアップデートでは、40カ国語のリアルタイム翻訳が可能になった。

SiriのNLP機能は情報をクラウドに送信する。ただし、個人を識別できる情報は削除され、ユーザのデバイスからは必要な音声コマンド・データのみが暗号化されて送られるため、プライバシーは保護される。

近年、アップルのＮＬＰ研究では、トレーニング用のデータにロケーション信号が導入され、Ｓｉｒｉが「近くにあるおもしろそうなスポットの名称」といったローカライズされたデータセットにアクセスできるようにした。これでＳｉｒｉは理論上、ロケーション・データを利用して話し言葉を解釈し、ユーザが何をいおうとしているのかについて理解の幅を広げることができる。

たとえば、誰かが「I'm going to Kilkenny」というのを聞いたとすると、アレクサはそれが「I'm going to Kilkenny」（アイルランドにあるキルケニーという街に行く）という意味か、それとも「I'm going to kill Kenny」（ケニーという名の男を殺してやる）という意味なのかをより正確に判断できるようになるのだ。

ラーニングポイント

- ＡＩはまぎれもなくアップルの戦略にとってもっとも重要な要素であり、デバイスやサポート・サービスの基本構造に組み込まれている。末端ではなく「基本」だ。
- アップルは、すべてのデータをクラウドに送ってより大きなデータセットでアルゴリズムをトレーニングするよりも、ユーザのプライバシー保護を優先する決断をした。他社とはちがうこの判断が、大きな波及効果を生んだ。

また、独自のプラットフォームCreate MLを利用して、「アップル製のデバイスでなければ機能しない」アプリの製作を促し、独自のアプリ生態系に特別感を創出している。

1. The Guardian, Apple becomes world's first trillion-dollar company: *https://www.theguardian.com/technology/2018/aug/02/apple-becomes-worlds-first-trillion-dollar-company*
2. Wired, Apple's Neural Engine Infuses the IPhone with AI Smarts: *https://www.wired.com/story/apples-neural-engine-infuses-the-iphone-with-ai-smarts/*
3. CNBC, Apple's upgraded A.I. chip design should lead to faster Face ID and better photos: *https://www.cnbc.com/2018/09/12/apple-upgrades-neural-engine-in-iphone-xsa12-bionic-chip.html*
4. Apple, Get Ready for Core ML 2: *https://developer.apple.com/machine-learning/*
5. Wired, Apple's Plan to Bring Artificial Intelligence to Your Home: *https://www.wired.com/story/apples-plans-to-bring-artificial-intelligence-to-your-phone/*
6. Github, Polyword: *https://github.com/Binb1/Polyword*
7. Wall Street Journal, "I'm Not Sure I Understand" - How Apple's Siri Lost Her Mojo: *https://www.wsj.com/articles/apples-siri-once-an-original-now-struggles-to-be-heard-above-the-crowd-1496849095*

5

バイドゥ

検索エンジンの開発からはじまり、自動運転技術の覇者を目指す

バイドゥは、インターネット関連のサービス・製品に注力する中国のテクノロジー企業だ。中国でいちばん利用者が多い検索エンジンを運営し、検索クエリによって生成される数十億もの膨大なデータにアクセスすることができる。さらに、アプリ開発や広告プラットフォーム事業を展開し、自動運転車開発の取り組みでは中国政府の認可と後押しを受けている。

同社の「アポロ・プロジェクト」は、世界でもっとも成熟した自動運転プログラムだ。2018年、バイドゥは、AIの倫理的開発の促進を目的として、フェイスブック、アマゾン、グーグル、マイクロソフト、IBMによって設立された非営利団体「パートナーシップ・オン・AI」に、中国のAI企業としてはじめて参加した。[1]

○プログラミング・スキルがなくてもツールが開発できる

検索エンジンのほか、バイドゥは画像検索、地図、動画、ニュース、翻訳サービスをユーザに提供している。その追い風になっているのが、中国には8億人を超えるインターネット・ユーザがいるという事実だ。[2] AIアルゴリズムはその巨大なデータプールを活用することができる。

バイドゥのAI事業の総称は「バイドゥ・ブレイン」という。プラットフォームは現在バージョン5・0で、自然言語処理、画像認識、顔認識、動画データの自動ラベリングをはじめ210のAI技術へのアクセスを提供する。コーディング不要で深層学習システムの開発が可能な「EasyDL」プラットフォームもそのひとつだ。

2018年7月に北京で開催されたバイドゥのカンファレンスでは、プログラミング・スキルのない医師がこのプラットフォームを利用して、40種類の寄生虫を識別できるツールの開発に成功した。現在このツールは臨床試験の段階に進んでいる。[3]

○自動運転技術「アポロ・バーチャル・ドライバー・システム」

バイドゥは、ライバル企業を抑えて、中国における完全自動運転車開発の覇権を握った。同社は、2019年には北京市内で自動運転車を走行させ[4]、2021年を目途に大量生産を開始することを目指している。[5]

目標を実現させるために、バイドゥはフォードやヒュンダイといった著名な自動車メーカー数社との提携を含むアポロ・プロジェクトを始動させた。[6]

自動運転にAIは不可欠だ。車に取りつけられたセンサーが、クラウド内にある車両専用の機械学習アルゴリズムに接続され、道路のコンディションや危険をもたらす要因を検知することができる。また、バイドゥの自動車は、中国の道路システムを網羅した衛星画像や、車載カメラによって集められた高解像度3Dマッピング・データを使用している。[7]

オープンソースの「アポロ・バーチャル・ドライバー・システム」なら、乗用車のみならず運送用トラックも幹線道路のジオフェンス(訳注:自動運転車が指定されたエリアから出ないようにするために決められた仮想の地理的境界線）内を自動で走行させることができる。

◦ファーウェイとの提携でモバイル部門を急発展

モバイル向けのオープンなＡＩプラットフォームを開発するために、バイドゥはファーウェイと提携を結んだ。その狙いは、モバイル・ユーザに「あなたをよく知るＡＩ」を提供し、スマートフォンで使い慣れた機能やサービスをもっと便利にすることにある。[9]

そのためには、開発者はファーウェイの端末に組み込まれた「ニューラルプロセッシング・ユニット」で機械学習のタスクを実行するためのコードを書かなければならない。それによって、音声認識や画像認識の機能、さらには拡張現実アプリを活用できるようになる。この提携によってバイドゥは、社内で独自のモバイルＡＩフレームワークの開発を進めるアップルやサムスンに対抗する。

そのほかにも、バイドゥは英語、北京語、日本語間の翻訳が可能な携帯端末を開発した。[10] いまのところターゲットは旅行者で、外国の都市で観光するときのレストランの注文や、公共の交通機関の利用を支援する。リアルタイム翻訳は深層学習の自然言語処理アルゴリズムを活用し、翻訳はクラウドで実行される。[11]

ラーニングポイント

- 中国本土が抱える巨大な人口を背景に、バイドゥは顧客プロフィールや顧客行動に関する膨大なデータセットを収集してきた。そうしたデータはサービスの合理化に活用されるほか、広告業者に売られ、より正確な広告キャンペーンのターゲティングを可能にしている。
- バイドゥは企業にAIサービスを提供し、バイドゥ・ブレインのフレームワークのもとで、各企業が独自のAI対応アプリケーションを開発し、公開するのに力を貸している。
- バイドゥは、中国、そしておそらくは世界最先端の自動運転プログラムを実行している。アポロ技術により、レベル4の自動運転車の量産がまもなく実現すると期待されている。自動車技術者協会（SAE）の自動運転能力は、「レベル0＝自動運転なし」から「レベル5＝完全自動運転」（人間が運転できるどんな場所においても自動運転が可能）までの6段階を規定している。バイドゥは最先端を行き、覇権を握る狙いだ。

1. CNN, Silicon Valley is working with China to ease fears about AI: *https://amp.cnn.com/cnn/2018/10/17/tech/baidu-artificial-intelligence-china/index.html*
2. Forbes, China Now Boasts More Than 800 Million Internet Users And 98% Of Them Are Mobile: *https://www.forbes.com/sites/niallmccarthy/2018/08/23/china-now-boasts-more-than-800-million-internet-users-and-98-of-them-are-mobile-infographic/#1699ba617092*
3. Tech Republic, Baidu no-code EasyDL tool could democratize AI for small businesses, bridge talent gap: *https://www.techrepublic.com/article/baidu-no-code-easydl-tool-could-democratize-ai-for-small-businesses-bridge-talent-gap/*
4. Reuters, China's Baidu gets green light for self-driving vehicle tests in Beijing: *https://www.reuters.com/article/autos-selfdriving-baidu/chinas-baidu-gets-green-light-for-self-driving-vehicle-tests-in-beijing-idUSL3N1R51A5*
5. Tech Crunch, Baidu plans to mass produce Level 4 self-driving cars with BAIC by 2021: *https://techcrunch.com/2017/10/13/baidu-plans-to-mass-produce-level-4-self-driving-cars-with-baic-by-2021/*
6. Ford, Ford and Baidu Announce Joint Autonomous Vehicle Testing: *https://media.ford.com/content/fordmedia/fna/us/en/news/2018/10/31/ford-and-baidu-announce-joint-autonomous-vehicle-testing.html*
7. Bloomberg, Wanted in China: Detailed Maps for 30 Million Self-Driving Cars: *https://www.bloomberg.com/news/articles/2018-08-22/wanted-in-china-detailed-maps-for-30-million-self-driving-cars*
8. Huawei, Huawei and Baidu Sign Strategic Agreement to Lead the New Era of Mobile AI: *https://www.huawei.com/en/press-events/news/2017/12/huawei-baidu-strategic-agreement-mobileai*
9. Digital Trends, Baidu's pocket translator is a 'Star Trek' dream come to life: *https://www.digitaltrends.com/cool-tech/baidu-machine-translator/*
10. MIT Technology Review, Baidu Shows Off Its Instant Pocket Translator: *https://www.technologyreview.com/s/610623/baidu-shows-off-its-instant-pocket-translator/*

6

フェイスブック

「買いたいもの」から「自殺願望の有無」まで、ユーザの思考や行動を予測する

フェイスブックは、米国に本拠地を置く多国籍ソーシャルメディアであり、ソーシャルネットワーキング企業だ。10年以上にわたり、フェイスブックは現代の日常生活になくてはならない存在であり続けている。およそ22億人[1]がフェイスブックのソーシャルメディア・プラットフォームを利用して友人や家族と交流し、社会生活を営み、地元の企業を見つけ、あたりまえのようにペットの写真を世界中の人々と共有している。

誰が、いつ、どこでフェイスブックを利用しても、そこには必ずデータ——何をしているか、どこに行ったか、誰といるか——が生成される。ソーシャルメディアが登場する前は、いまのフェイスブックのように、1分間に13万6000枚の画像のアップロードが可能なプラットフォームはど

こにもなかった。ましてや51万件のコメントや29万3000件もの近況アップデートなどは想像もつかない話だった。[2]

そうしたデータは例外なく、AIにとって貴重なトレーニング材料になる。

○フェイクニュースを人間・機械・アルゴリズムでチェック

ユーザのフィードやホームページをパーソナライズし、ユーザに役立つ、ないしはユーザが興味をもつと予測される情報（および広告）を提示するのに、フェイスブックはAIエンジンの「FBLearner Flow」を用いている。[3]

FBLearner Flowは数十億人ものユーザの分類、解析を行っているが、そのもとになっているのはユーザ自身が提供する情報――居住地、勤務先、友人、旅の目的地、オンライン検索の内容、「いいね」や「シェアする」といった行動から示唆される人物像など――だ。

ニュースフィードを興味深い最新記事でいっぱいにするだけでなく、機械学習アルゴリズムには、投稿を禁じられている暴力やヌードなどのコンテンツをフィルタリングする機能もある。

ここで重視されているのは、「フェイクニュース」——政治的な意図によるものもあれば、お金をだまし取ろうと詐欺師が流すものもある——の配信の取り締まりだ。そのために、人間によるファクトチェック、機械が自動判別するファクトチェックとあわせて、機械学習アルゴリズムが使用されている。[4] 人間か機械のいずれかによってフェイクの可能性があるコンテンツにフラグが立つと、フェイスブックのネットワーク全体でそれらの拡散経路を追跡することができ、ユーザに害が及ぶのを防ぐための措置が講じられる。当該コンテンツは削除されたり、「虚偽の可能性あり」のフラグが立てられたりする。

。私たちがアップした写真により、顔認識の精度は97・35%に

フェイスブックが競合企業よりはるかに抜きんでているAIリサーチの領域が、顔認識技術だ。フェイスブックのサーバにどれだけ多くの顔写真が保存されているかを考えたら、ちっとも驚くことではないのだが。

「ディープ・フェイス」と呼ばれるその技術は、写真がアップロードされるとただちに起動し、写真に写る人の顔を識別してその人の名前をタグづけする。ニューラルネットワークを利用して、顔

立ちや肌の色、パーツの配置を測定し、ひとつの顔ごとに68のデータポイントを分類して解析する。

「個人の顔の要素をどう認識すればいいか」「顔の特徴によって人の面持ちに個性が出ることをどう理解すればいいのか」をアルゴリズムに学習させるのに、400万以上の顔画像が投入された。解析中の顔画像が、すでに取り込まれた画像データのパターンに似ていれば、あるいはぴったり適合すれば、機械学習アルゴリズムは2枚の写真に同じ人物が写っている可能性が高いと判断する。

その結果、フェイスブックは顔認識技術を使い、自分が写った写真がサイトのどこにアップロードされているかを追跡できるようにした。また、視覚障害者向けに写真の内容を音声で説明する機能も提供している。[5]

フェイスブックによれば、公開データを用いた試験では、同社の顔認識アルゴリズムの精度は97・35％と、人間とほぼ互角であるという。[6]

○私たちの会話を「耳にして」先まわりをする

フェイスブックは、サイトに投稿される毎分50万のコメントから知見を抽出するのにもＡＩを利用している。その目的は、文脈解析を使い、ユーザが「何をいおうとしているか」について理解を深め、わざわざ要求しなくても、ユーザにとって有益と思われる情報やサービスを予測して提供することだ。

フェイスブックによれば、友人同士の会話のなかで「どこそこへ行かなきゃならないね」といった言葉を「耳にする」ことで、地域で営業している配車サービスへのリンクを自動で表示する、といったようなことができるようになるかもしれない[7]。

現在検討されているさらに高度なＡＩが実装されれば、たとえば、ユーザが「売りたい自転車がある」と投稿すると、ＡＩが介入してくるようになるかもしれない。ＡＩが自動的に広告形式の投稿を作成し、ユーザの意向をふまえて正しい販売価格を決め、買い手が見つかりそうな地元の販売ページに情報を送ることだってできるかもしれない。

このような人工知能エンジンは「ディープ・テキスト」と呼ばれている。その名は、もちろん深層学習《ディープラーニング》に由来する。テキストを解析し、言葉そのものの意味だけでなく、投稿の文脈やほかの言葉との関連性を考慮した意味合いまでも理解できるのだ。辞書や文法書などのルールに頼らず、言葉がどう使われているかを「聞いて」自ら学習していく――人間とほとんど同じように――という点で、これは半教師あり学習のひとつである。

◦自殺をうかがわせる投稿にどこまで介入できるか

さらに、フェイスブックは、ユーザのサービスの利用状況を監視して、気持ちの落ち込みや自分を傷つける危険を示すサインを見つけるのにも、ＡＩを用いている。[8]

仕組みはこうだ。ＡＩはまず、あるユーザの投稿行動において、「自殺をうかがわせる兆候がある」として過去にフラグが立てられたことのあるほかのユーザの投稿と類似したパターンがないかを探す。

危険なサインには、たとえば「苦しい」とか「つらい」といったユーザ自身の発言もあれば、心配し、手を差し伸べようとする友人からの多くのメッセージなどもある。

警告が出ると、専門家が投稿を精査し、「どうすれば助けを受けられるかをユーザに教える」といった介入を行うかどうかの判断を下す。

いまのところ、ソーシャルネットワークが直接ユーザにコンタクトをとることはなく、必要なときにすぐに利用できるような情報を提供する方法をとっている。加えて、フェイスブックは、友人や家族といったユーザの実世界の「サポート・ネットワーク」に注意を促すことはできないか、その可能性を模索している。

とはいえ、そこにプライバシー保護という大きな問題がからんでくるのは明白だ。

ラーニングポイント

- 私たちはフェイスブックに進んで膨大な個人情報を提供している。同社はほかのどの企業よりも多くの個人データにアクセスすることができる。「進んで」を仕組みにしたのだ。
- フェイスブックはそうした利点を活用し、ユーザの継続的なサイト訪問を促す（そしてより多くの情報を共有する）と同時に、ユーザが買いたいと思うような製品を販売する広告主とのマッチングを行う機能を確立できた。
- ユーザの生活に関してこれまでにないレベルの知見が得られるので、買いたいものから自殺願望の有無にいたるまで、ユーザの思考や行動の予測がますます正確にできるようになっていく。そこには、プライバシーの問題が大きくかかわってくる。

1. Statistica, Number of monthly active Facebook users worldwide as of 2nd quarter 2018 (in millions): *https://www.statista.com/statistics/264810/number-of-monthly-active-facebook-users-worldwide/*
2. Zephoria, Top 20 Valuable Facebook Statistics: *https://zephoria.com/top-15-valuable-facebook-statistics/*
3. Facebook, Introducing FBLearner Flow: Facebook's AI backbone: *https://code.fb.com/core-data/introducing-fblearner-flow-facebook-s-ai-backbone/*
4. Facebook, Increasing Our Efforts to Fight False News: *https://newsroom.fb.com/news/2018/06/increasing-our-efforts-to-fight-false-news/*
5. Facebook, Managing Your Identity on Facebook with Face Recognition Technology: *https://newsroom.fb.com/news/2017/12/managing-your-identity-on-facebook-with-face-recognition-technology/*
6. Facebook, DeepFace: Closing the Gap to Human-Level Performance in Face Verification: *https://research.fb.com/publications/deepface-closing-the-gap-to-human-level-performance-in-face-verification/*
7. Facebook, Introducing DeepText: Facebook's text understanding engine: *https://code.fb.com/core-data/introducing-deeptext-facebook-s-text-understanding-engine/*
8. BBC, Facebook artificial intelligence spots suicidal users: *https://www.bbc.co.uk/news/technology-39126027*

7 IBM

AIのディベーターはいまや、人間との自由形式議論で勝つまでに進化した

IBMは創業100年を超える、コンピュータ業界の草分け的存在だ。たゆまぬ技術革新により、1960~70年代には大型コンピュータ市場を支配し、80年代には黎明期だったパーソナル・コンピュータ業界に参入した。

米国のほかの巨大テクノロジー企業と同じように、IBMはいち早く機械学習の重要性に気がついた。同社が開発したもっとも有名なAIが、「IBMワトソン」だ。米国のクイズ番組『ジョパディ!』で、長く君臨してきたふたりのチャンピオンを打ち負かしたことでその名を知られる、「コグニティブ・コンピューティング」のプラットフォームである。[1]

以来、ワトソンは数千ものビジネス・ユースケースに導入され、ＩＢＭが開発する機械学習テクノロジーの「効果」と「柔軟性」の証であり続けている。

◦クイズチャンピオンになったワトソンが創る新しいチャンス

クイズ番組で勝利しただけでなく、ワトソンは多くの業界に導入され、その自然言語処理能力によって効率を向上させ、新たな機会を創出している。

ワトソンは当初、質問応答システムとして開発されたが、長年にわたるスキルセットの拡大にともなって、その適用範囲は多様化してきた。

ロイヤルバンク・オブ・スコットランドは、ワトソンを使って顧客サービスのためのチャットボット「Ｃｏｒａ」を開発した。Ｃｏｒａは顧客サービスに関する２００の質問に１０００通りを超える回答ができるようトレーニングされている。しかも、回答のあとも、顧客が投げかける自然言語の質問とデータベースに保存されている回答を関連づけて学習を続けるのだ。[2] 会話があまりにややこしくなってきた場合は、人間の担当者に対応がバトンタッチされる。

人の助けを借りずにＣｏｒａだけで質問の処理ができる割合は「コンテインメント率」と呼ばれ、重要な成功指標とされている。現在のコンテインメント率は約40％（商業銀行業務に関する問い合わせに限っては最高80％）だ。[3] チャットボットが人とのやりとりの経験を積んでいけば、この率はもっと向上するといわれている。

オフィス用品大手のステープルズは、ワトソンを利用して「イージー・ボタン」と呼ばれるスマート注文システムを構築した。これは、基本的にアマゾンのアレクサに似た音声認識アシスタントで、顧客のオフィス用品ニーズの予測に特化したトレーニングを受けている。繰り返し使われるうちに、顧客が求める製品名や数量を学習するようになるのだ。[4]

○ウィンブルドン選手権、がん治療、はては香水の調合まで

ワトソンはスポーツの世界にも導入されている。オールイングランド・ローンテニス・クラブは世界的に有名なウィンブルドン選手権でＩＢＭと協力し、ワトソンを活用して、試合のハイライト映像の自動作成や、ファン・エンゲージメント（愛着心や思い入れ）の向上に努めた。

５３００万のデータポイントから22年間にわたって集められたテニスに関するデータをもとに、

ワトソンは自動実況のほか、リアルタイムのスコア・データや、試合の分析をファンに直接送るよう訓練されている。また、ワトソン対応アプリの「アスク・フレッド」（フレッド・ペリーにちなんで名づけられた）は、テニスの歴史から会場の公衆トイレの場所にいたるまで、ファンからのさまざまな質問に答えることが可能だ。[5]

医療の分野でもワトソンは広く使用されている。米国がん協会はワトソンを使って、がんの診断を受けた人々を支援する世界初のＡＩアシスタントを開発した。また、「ワトソン・フォー・オンコロジー」は、治療法を決定する医師に助言を行う医療サポートプラットフォームで、数千ページもの医療文書と症例記録を使い、最良の結果が出ると考えられる治療プロセスを予測する。[6]

一般の人が考える「ＡＩにはまだ無理だと思われるタスク」があるとすれば、香水の香りをデザインするのはそのひとつかもしれない。けれど、シムライズの考えはちがった。エスティローダーやエイボン、ダナキャランなどに材料を提供しているこの世界的な巨大香料メーカーは、ＩＢＭと協力してＡＩ「フィリラ」を開発し、それまで長年訓練を受けた「人間のエキスパート」の領域だった香りの調合を可能にした。そうして生み出された香水は、まもなくブラジル国内４０００軒の化粧品店で販売される予定だ。

フィリラはまず各種オイル、化学物質、独特の香りを加える天然抽出物など、香水成分の配合パターンを分析する。その数は全部で170万。続いて販売データと顧客サービスデータを読み込み、さまざまな購買層にとって魅力的と思われる香りの組み合わせを引きだす。

フィリラのアルゴリズムによって開発されたふたつの香水は、フォーカスグループを対象にしたテストでは、かつてターゲット層（ブラジルのミレニアル世代）によく売れたほかの香水よりも人気が高いなど、「馥郁たる」成果をあげた。[7]

クイズ番組のチャンピオンになってから、ワトソンがIBMに驚くほどの成功をもたらしてきたのはまちがいない。前述のユースケースのほかにも、世界の自動車メーカー上位10社のうちの7社が、さらに世界最大の石油・ガス会社10社のうち8社がワトソンを活用している。[8]

AIの主張のほうが説得力があると聴衆は判断した

IBMの言語処理AI技術を適用した、もっとも印象的なシステムといえば、「プロジェクト・ディベーター」だ。

ＩＢＭによると、プロジェクト・ディベーターは、複雑なトピックについて人間と議論できる世界初のＡＩシステムで、１００種類のトピック領域をカバーする数億もの記事や論文のデータベースを活用している。[9]

プロジェクト・ディベーターはそうしたツールやデータを使って対戦相手の主張を「聞き」、分析して、その論理的根拠や倫理的根拠に「反論する」。

初の公開ライブ・ディベートで、プロジェクト・ディベーターは、学生チャンピオンとして輝かしい実績をもつふたりのディベーターを相手に討論した。テーマはそれぞれ「政府は宇宙探査に補助金を出すべきか」「遠隔医療の利用増加は望ましいか」だ。

遠隔医療について論じたディベートでは、聴衆は人間の対戦者よりもＩＢＭのＡＩの主張のほうに説得力があると判断した。[10]

結果は一勝一敗のドローだったとはいえ、これはＡＩの言語処理にとって意義のある一歩である。技術は確実に進化した。何十年もスパムメールのフィルタリング機能に利用されてきた単語認識レベルから、ＳｉｒｉやアレクサのようにД基本的な質問に答えるレベルへ、さらには自由形式のディベートに参加できるレベルにまで進化しているのだ。

そうなるとＡＩは、人間が発する文を意味論的に解析し、その意図を理解しようとするだけにはとどまらず、見解の相違を認識して反論を組み立てることができなければならない。プロジェクト・ディベーターは、相手の意見の根拠がまちがいであることを示唆する出所のたしかな事実を引用し、相手の主張の論理の欠陥を見破ることができるのだ。

注意しなければならないのは、プロジェクト・ディベーターは完全なる汎用ＡＩではなく、依然として専用ＡＩの一例であることだ。つまり、一般に普及するにはまだまだ時間がかかりそうなのだ。さまざまな話題に関して専門家レベルの知識があるとはいっても、あくまでその知識をディベートに応用するよう訓練されているだけだ。たとえば教育など、その他の目的に利用できるようにするにはさらなるトレーニングが求められるだろう。

プロジェクト・ディベーターは現時点のＡＩの能力を自慢するには申し分ない。いっぽうでＩＢＭは未来についてこんなふうに考えている。ＡＩが何かを主張するとき、そのよりどころとなるルールがあるとすれば、それは、偏見やまちがった論理やあいまいな理屈ではなく、証拠にもとづいたものであるべきだ。そしてそのルールは、私たち人間の意思決定にも役立つはずだ、と。

ラーニングポイント

- ＩＢＭは言語処理能力にフォーカスし、人と機械のコミュニケーション障壁をなくし、私たちが機械の潜在能力を容易に活用できるように戦略を立てた。
- ＩＢＭはさまざまなイベントを利用して、ＡＩの認知システムには人間と同じように難問の解決方法を学習する能力があり、練習によって人間を超えられるという事実を証明してきた。はじまりはチェスの世界チャンピオンのカスパロフに勝利したディープ・ブルーで、その流れはプロジェクト・ディベーターへと受け継がれている。人々に知らしめることの劇的効果を、ＩＢＭは知っている。
- プロジェクト・ディベーターは、いまや質問に答え、人間と自然な会話ができるほどに進化したＡＩの象徴的な存在だ。未来のＡＩ活用創出へのアイデアを大きくふくらませてくれる。

1. Tech Republic, IBM Watson: The inside story of how the Jeopardy- winning supercomputer was born, and what it wants to do next: *https://www.techrepublic.com/article/ibm-watson-the-inside-story-of-how-the-jeopardy-winning-supercomputer-was-born-and-what-it-wants-to-do-next/*
2. IBM, Raising Cora: *https://www.ibm.com/industries/banking-financial-markets/front-office/chatbots-banking*
3. IBM, Putting Smart to Work: *https://www.ibm.com/blogs/insights-on-business/banking/putting-smart-work-raising-cora/*
4. IBM, How Staples is making customer service "easy" with Watson Conversation: *https://www.ibm.com/blogs/watson/2017/02/staples-making-customer-service-easy-watson-conversation/*
5. IBM, How Wimbledon is using IBM Watson AI to power highlights, analytics and enriched fan experiences: *https://www.ibm.com/blogs/watson/2017/07/ibm-watsons-ai-is-powering-wimbledon-highlights-analytics-and-a-fan-experiences/*
6. American Cancer Society, American Cancer Society and IBM Collaborate to Create Virtual Cancer Health Advisor: *http://pressroom.cancer.org/WatsonACSLaunch*
7. Vox, Is AI the future of perfume? IBM is betting on it: *https://www.vox.com/the-goods/2018/10/24/18019918/ibm-artificial-intelligence-perfume-symrise-philyra*
8. IBM, IBM Largest Ever AI Toolset Release Is Tailor Made for 9 Industries and Professions: *https://newsroom.ibm.com/2018-09-24-IBM-Largest-Ever-AI-Toolset-Release-Is-Tailor-Made-for-9-Industries-and-Professions*
9. The Verge, What it's like to watch an IBM AI successfully debate humans: *https://www.theverge.com/2018/6/18/17477686/ibm-project-debater-ai*
10. The Guardian, Man 1, machine 1: landmark debate between AI and humans ends in draw: *https://www.theguardian.com/technology/2018/jun/18/artificial-intelligence-ibm-debate-project-debater*

8

JD.com

100%の自動化を目指し、人間の従業員はやがていなくなるだろうと予言

JD.comは中国最大級のオンラインストアで、ドローン配送システム、自動運転配送車、ロボットによる自動化配送センターなどの、ハイテクとAIを活用する企業だ。

本書を執筆するにあたって、私たちは数多くの企業から話を聞いた。AIの未来についての考えはそれぞれに異なるが、めんどうに巻き込まれたくないのか、ほとんどの人が口をそろえてこんなふうにいっていた。「AIは人間の職を脅かして、人間をお荷物にするためではなく、私たち自身の能力を高めるためにあるのだ」と。

そんななか、JD.comの創業者・劉強東（リチャード・リュウ）だけは例外だった。2018年の世界小売業者会議のインタビューで、劉はこんなふうに述べている。

「私は自分の会社を100%自動化したいと考えています。いつの日か人間がひとりもいなくなるときがくるでしょう。すべての業務をAIとロボットが行うのです[1]」。

本音では「(少なくともビジネスにおいては)軟弱で、弱気で、手がかかる人間をすっかりお払い箱にできたらいいのに」と思っている、大半のテクノロジー企業のCEOたちとちがって、彼はただ正直なだけなのだろうか?

いや、それだけではない。彼の言葉からは、ロボットを活用し、小売業務を可能な限り自動化することにフォーカスした、JD・comのAI展開戦略が見てとれる。

◦広大な中国で、商品の翌日配達を可能にした

JD・comはAIの開発を積極的に進めている。その焦点は、同社がもつ広大な小売ネットワーク全体にAIを整備し、配送、物流、サプライチェーンの業務を処理することにある。

実際、JD・comの旗艦拠点として1日20万件の注文を処理する上海物流センターでは、従業員の数はわずか4名だ[2]。

機械学習によって動作するロボットが、倉庫内に張りめぐらされたコンベアベルトに商品の入っ

たクレート（訳注：透かし木箱）を載せると、梱包を担当するほかのロボットのもとに運ばれて行き、そこで箱詰めされ、発送を待つ。

ここまでAIを物流に導入したおかげで、面積約1000万平方キロメートル、13億の人が住む広大な中国で、ほとんどの商品を翌日に届けることが可能になった。現在では、さらに時間を大幅に短縮し、当日配送の実現に向けて準備をしている。[3]

もちろんJD・comは、AIを活用した顧客経験の向上にも取り組んでいる。同社が開発したチャットボットは、自動で「詩」を作成し、贈り物として購入された商品の受け取り手に届けることができる。購入者はギフトを贈る相手の性格や、贈る理由を詳しく入力するだけで、あとはロボットにお任せだ。何とも夢のある話ではないか！

○最大積載量5トンのドローン技術が、物流コストを削減

2016年にアマゾンが無人飛行機による初のテスト配送を実行したころ、JD・comはすでにドローン配送網の本格稼働を開始していた。以来、中国ではドローン配送が現実のものとなり、JD・comのドローンはこれまでに40万本の配送飛行実績を積んでいる。[4]

いまＪＤ・ｃｏｍが手がけているのは、最大重量5トンの荷物を運べるドローンの開発だ。現在、ドローンによる配送サービスはおもにドローン基地近くのエリアに限定され、配達可能な距離は最長でも15キロほどである。それが近い将来、（寿命の長いバッテリーが登場すればなおのこと）遠隔地やトラックが入れないような、アクセスの難しい場所への配送ができると期待されている。5トンという数字が実現すれば、顧客への配送はもちろん、通常トラックで行っている倉庫間の商品移動にもドローンが活用されるだろう。

トラックといえば、当然ながらＪＤ・ｃｏｍはそれらの自動化にも取り組んでいる。同社が導入した自動運転トラックは1万7000時間の公道走行経験を積んでおり、一定の条件のもとですでに配送に使用されている。しかし、いまのところ、自動運転車は交通量の少ない道路なら何の問題もなく走行することができるが、市街地に入ると人間に運転を任せなければならない。

ＪＤ・ｃｏｍの事業部門であるXラボの責任者のシャオ・ジュンは、「私たちの技術でドライバーの数を3人から、ふたり、いやひとりに減らせたところで、そこにたいした価値はない。ほしいのは完全に無人で走るトラックだ」と話す。[5]

◦リアル店舗へのこだわり、鍵を握るのは顔認識技術

ＪＤ・ｃｏｍが顔認識技術に関心をもっている大きな理由は、顧客の本人確認に便利だからだ。この技術を利用すれば、顧客が実際の店舗で商品を選んだ時点で、すでに本人確認は終了し、自動配送プログラムが起動して商品を家まで届けてもらえる、といったようなことが実現する。

顧客はまずスマートフォンを使って高解像度な自分の顔写真を撮ってアップロードする。機械学習はあらゆる視点から人の顔がどう見えるかを予測できるので、どんな角度からでも、登録された写真をもとに本人かどうかを確認することができる。顔認識は一般に、じつは複製や偽造が比較的たやすい指紋認証などの生体認証技術よりも安全だと考えられている。

オンラインストアとしてスタートしたアマゾンやアリババのような競合他社とは異なり、ＪＤ・ｃｏｍの場合、そのはじまりは中国、上海にあった従来型の店舗だった。オンラインへの移行は２０１４年のことだ。移行後も、オフライン小売業への関心を失ってはおらず、やがて北京本部に最初の無人店舗を立ち上げた。この店舗では、前述したように、顧客が店のカメラにちらっと映る

だけで購入した商品の代金の支払いが完了する。

近年の、身体にいい食を求める全国的な声の高まりに対処するため、ＪＤ・ｃｏｍは自社が運営するスーパーマーケットであるセブンフレッシュの店舗を１０００軒以上オープンする計画を発表した。

そこでは、住民の層をふまえてどこに店舗をオープンすべきかを決定する、在庫を管理する、商品の安定供給を確保するなど、あらゆるレベルでＡＩが活用されている。[6] スマート・スクリーンも店舗で使用されていて、顔認識技術が判断した性別や年齢にもとづいてそれぞれの顧客に合った広告を提示することができる。[7]

ラーニングポイント

- ＪＤ・ｃｏｍの創業者は、今後10年間で人間の従業員の数を16万から8万人に減らしたいと述べた。[8] 多くの従業員が再教育を受けることになると彼はいうが、人間の仕事を維持するよりも、効率を高め顧客経験を向上するほうが優先だと判断したのだ。
- 社内の業務やサプライチェーンの効率を高めることが、ＪＤ・ｃｏｍがＡＩの導入を進めるおもな目的だ。倉庫、配送ネットワーク、小売店舗の自動化はどれもみな、この計画の一部である。

従来型の小売業者としてスタートしたＪＤ・ｃｏｍは、Ｅコマーステクノロジーを実店舗に積極的に導入することで、ショッピングにおけるオンラインとオフラインの境界をなくしつつある。

1. YouTube, Richard Liu, JD.com Founder, Chairman and CEO: *https:// www.youtube.com/watch?v=VTSKy9E3tcU&feature=youtu.be*
2. Axios, In China, A Picture of How Warehouse Jobs Can Vanish: *https://www.axios.com/china-jd-warehouse-jobs-4-employees-shanghai-d19f5cf1-f35b-4024-8783-2ba79a573405.html*
3. JD.com, Preparing JD.com Orders for Same Day Delivery: *https://jdcorporateblog.com/gallery/preparing-jd-com-orders-day-delivery/*
4. Wired, Inside JD.com, the giant Chinese firm that could eat Amazon alive: *https://www.wired.co.uk/article/china-jd-ecommerce-store-delivery-drones-amazon*
5. South China Morning Post, JD.com unveils self-driving truck in move to automate logistics operations: *https://www.scmp.com/tech/innovation/article/2148420/jdcom-unveils-self-driving-truck-move-automate-logistics-operations*
6. The Drum, JD.com expands 7FRESH stores across China as it takes on Alibaba's Hema stores: *https://www.thedrum.com/news/2018/09/24/jdcom-expands-7fresh-stores-across-china-it-takes-alibabas-hema-stores*
7. Afr.com, AI Inside *JD: https://www.afr.com/technology/how-chinese-ecommerce-player-jdcom-is-becoming-an-ai-powerhouse-20180719-h12vph*
8. YouTube, Richard Liu, JD.com Founder, Chairman and CEO: *https://www.youtube.com/watch?v=VTSKy9E3tcU&feature=youtu.be*

9

マイクロソフト

多くの人がテクノロジーの利益を享受する、「AIの民主化」を実現する

マイクロソフトは市場価値において世界最大の企業のひとつに数えられ、コンピュータ・ソフトウェア、コンシューマー・エレクトロニクス、ビデオゲーム、クラウドコンピューティング、ソーシャルメディアといった領域に注力している。

マイクロソフトのビジネスモデルの中心にある考え方は、「テクノロジーを一般の人たちに浸透させる」ことだ。

そのオペレーティング・システムによって、家庭や企業において、コンピュータは何百万もの人々にとって本当に便利なものになった。また、オフィスの生産性向上のためのツールであるスプレッドシートやプレゼンテーション・ソフトウェアは、いまや多くの人があたりまえのように使

いこなしている。インターネット・エクスプローラーや.Net Framework（訳注：マイクロソフト社が開発した、ウェブサービスとウェブアプリケーションのための開発、実行環境）などのプロジェクトを通して、マイクロソフトは、インターネットの情報世界の扉を開いた立役者でもあった。

同社のＡＩ戦略の指針も同じだ。ＣＥＯのサティア・ナデラはそれを「ＡＩの民主化」[1]という言葉で説明している。つまり、できるだけ多くの人がＡＩの利益を享受できるようにするだけでなく、今後は彼らの意見をふまえたＡＩ開発を進めていかなければならない、というのだ。マイクロソフトは、ＡＩをめぐるビジネス・トレンドはインターネットと同じ道をたどる――やがて誰もが利用するようになる――だろうが、ＡＩがビジネスや社会に与える影響はインターネットのそれをはるかにしのぐのではないかとみているのだ。[2]

○誰もが、データから価値を引きだせるように

かつて、エクセルやワードを開発したときと同様に、マイクロソフトはＡＩを導入するために利用できるツールを企業に提供することを目指している。

もっともベーシックなのが、オフィス３６５に含まれているＡＩツールの活用だろう。パワーポ

インドにはユーザの作業を観察してデザインのヒントを出す機能があるし、ワードはＡＩを使って言葉の意味を教えたり、べつの表現を提案したり、スペルや文法や句読法をチェックしたりする。

「アジュール」と呼ばれるコグニティブ・サービスは、音声認識、テキスト解析、コンピュータビジョン、言語翻訳のための「構築済みの」機械学習ソリューションを提供している。ＡＩをビジネスで活用し、「データから価値を引きだすにはどうすればいいか？」について、何らかの要求をもっている人なら誰でも、専門知識なしですぐにＡＩを使いはじめられるようにしようというのだ。

それにはもちろん、アジュール導入だけではなく、技術を向上させるためのデータの活用方法を学ぶ必要がある。そのためにマイクロソフトが用意したのがオンラインのＡＩスクールだ。そこには、ＡＩにできることは何か、それを使いはじめるにはどうすればいいか、といった基本的なことを教えてくれるリソースがそろっている。[3]

マイクロソフトには、私たちがかんたんに独自のロボットを製作できるツールまである。ＡＩスクールではオープンソースのＲＯＳ（Robotic Operating System）やロボット・シミュレーターの「ガゼボ」に関するコースが用意されているほか、ＲＯＳをアジュールのコグニティブ・サービスに組み込んで、自己学習する完璧なスマート・ロボットをつくるための方法も学ぶことができる。[4]

もうひとつ、きわめて役に立ちそうなのがある。単純なスケッチから機能的なＨＴＭＬウェブサイトを生成できる「Sketch2Code」である。これは、コンピュータビジョンで手描きのスケッチを認識し、ワイヤーフレームや実際に使えるウェブサイトに変換するツールだ。ＡＩのトレーニングには、人が書いたデータ、さらにはボタンやテキストボックスなど、ウェブページの手描きのデザイン要素の画像数千枚が使用された。[5]

クラウドベースのＡＩには大量のネットワーク帯域幅が必要で、そうしたＡＩをコモディティ化するには、すべての人が帯域幅を使えるようにならなければいけない。この課題を克服するため、マイクロソフトは、データセンターを沿岸部の都市に近い海底に設置する「プロジェクト・ナティック」という新たな試みを行っている。

海底データセンターは輸送コンテナ規模の大きさで、完全独立型なので、何年間も自動で稼働させることができ、海洋汚染の心配がない。[6] 私たちの半数が海岸沿いに住んでいることを考えると、海底データセンターは家庭におけるインターネット速度を飛躍的に進歩させる可能性がある。

○ウーバー、F1レースから、クリケットチームまで

マイクロソフトの顔認識システム「Face API」を、登録するドライバーの本人確認に活用しているのがウーバーだ。ドライバーは定期的に顔写真を更新しなければならず、アジュールのコンピュータビジョン・アルゴリズムは数百万のドライバーのIDを一瞬のうちに照合できなければならない。この技術のおかげで顧客は安心してサービスを利用することができる。[7]

そのほかにも、マイクロソフトはルノーのF1チームと共同で、サーキットでのF1カーの性能のあらゆる要素を解析できるシミュレーターを構築している。F1カーには200以上のセンサーが搭載され、タイヤの摩耗度からコースの状態、気温にいたるまでのあらゆるデータを、アジュールのクラウドサーバーに送信する。機械学習アルゴリズムがそうしたデータから知見を抽出し、より正確なシミュレーションを行い、レースのパフォーマンス向上に役立てる。[8]

けれども前述したように、マイクロソフトが目指すのは、「テクノロジーを一般の人たちに浸透させる」ことであり、ルノーよりもはるかに規模の小さい企業でも、AIを活用できるようにする

ことだ。そういう意味で、興味深いプロジェクトがある。インドのクリケット・チームの元キャプテン、アニール・クンブルが設立したスポーツ・テクノロジー企業、Ｓｐｅｋｔａｃｏｍとの提携だ。

彼らのテクノロジーは、クリケットバットに取りつけ可能な重さ約５グラムの極小センサーを開発し、そこから集められたデータを解釈する。その狙いは、コーチには選手のパフォーマンスに関するより正確なデータを、ファンには興味をそそるデータと魅力的なインタラクティビティを提供できるようにすることだ。[9] 計画では、そうしたセンサーと解析技術はほかのスポーツにも導入されることになっている。

ラーニングポイント

- マイクロソフトＣＥＯのサティア・ナデラは、コンピュータやインターネットと同じように、ＡＩはやがて日常生活にあってあたりまえのものになると予測している。
- そうした未来を実現させるために、マイクロソフトはアジュールのクラウド・インフラを介してさまざまな企業が機械学習を実行するためのツールやサービスを開発している。まずはＡＩを使ってみることを推奨するのだ。
- マイクロソフトにはオフィスの生産性をあげるためのソフトウェアがある。それらは主力製品としてすでに数百万人に使用されているが、機械学習の力でより迅速かつ容易に仕事をこなすためのツールになった。すでにあるツールを強化したのだ。

1. Microsoft, Democratizing AI: Satya Nadella on AI vision and societal impact at DLD: *https://news.microsoft.com/europe/2017/01/17/democratizing-ai-satya-nadella-shares-vision-at-dld/*
2. Microsoft, Microsoft AI: Empowering transformation: *https://blogs.microsoft.com/ai-for-business/2018/10/11/microsoft-ai-empowering-transformation/*
3. Microsoft, AI School: *https://aischool.microsoft.com/en-us/home*
4. Microsoft, Intelligent Robotics: *https://www.ailab.microsoft.com/experiments/f508a96d-3255-474b-a769-d5b2cf2bb9d6*
5. Alphr, Microsoft's AI-powered Sketch2Code builds websites and apps from drawings: *http://www.alphr.com/microsoft/1009840/microsofts-ai-sketch2code-builds-websites*
6. Microsoft, Project Natick: *https://natick.research.microsoft.com/*
7. Microsoft, Uber boosts platform security with the Face API, part of Microsoft Cognitive Services: *http://customers.microsoft.com/en-US/story/uber*
8. Microsoft, Renault Sport Formula One Team uses data to make rapid changes for an even faster race car: *https://customers.microsoft.com/en-US/story/renault-sport-formula-one-team-discrete-manufacturing*
9. The Seattle Times, Cricket pro teams with Microsoft for a bat that can track analytics in real-time, and send them to fans: *https://www.seattletimes.com/business/microsoft/microsoft-partners-with-professional-cricketer-to-make-smart-bat-technology/*

10

テンセント

ゲームの世界の大成功を基盤に、WeChatから医療分野まで大規模展開

テンセントはインターネット・サービスとテクノロジーを提供する中国の多国籍コングロマリットだ。ゲームとソーシャルメディアで成功をおさめ、いまや世界でもっとも市場価値の高いテクノロジー企業の仲間入りをしている。

もっとも有名なのが、人との交流や画像共有、決済などの機能をもつモバイル・メッセンジャー・サービスの「WeChat」アプリだ。月間のアクティブ・ユーザが10億を超える世界最大のソーシャルメディア・プラットフォームである。

銀行、不動産から宇宙探索、医療にいたるまで、幅広い業界に関心をもつテンセントだが、その力点はつねに新たなテクノロジーの適用に置かれている。とくに顕著なのがゲームとエンターテイ

メントの分野だ。テンセントのモットーは「どこにでもＡＩを」であることからも、それがよくわかるだろう。[1]

◦テンセントのＡＩ vs コンピュータ・チームのＡＩボット

テンセントは、その幅広い事業活動のいずれかの効率アップが可能なＡＩテクノロジーを有するスタートアップを見つけては、積極的に投資をしている。２０１７年、テンセントによる米国でのＡＩ関連投資の数は、中国の巨大企業のなかでもっとも多かった。[2]

テンセントでとくに傑出しているのは顔認識技術の進歩である。中国の３つの省では、ＷｅＣｈａｔのデジタルＩＤカードで本人確認することが認められていて、市民は身分証明書をもち歩く必要がない。[3]

また、顔認識技術は得意分野のビデオゲームにも用いられている。

中国では、長時間のゲームが子どもの健康や教育に悪影響を及ぼすとの懸念が高まりつつあるが、そんななかテンセントは、プレーヤーに「カメラによる自動年齢チェック」を要求し、未成年かどうかを判断する技術をテスト中だ。このサービスが提供されれば、年齢確認を拒んだりチェックが失敗したりしたユーザはゲームへの参加が禁じられることになる。[4]

また、テンセントのソフトウェアはトレーニングを重ねて性能が向上し、ストラテジー・ゲーム（戦略・戦術などの要素を重視したゲーム）の『スタークラフト2』では最高難易度でコンピュータ・チームのAIボットを破るまでになった。

興味深いのは、コンピュータ・チームのAIボットは実際のところ、本書で探究しているような「人工知能ではない」という点だ。つまり、自己学習アルゴリズムによって制御されているのではなく、（ほとんどの場合ズルをして）勝ち続けられるようプログラミングされているだけなのだ。

テンセントのAIは、『スタークラフト2』の「AI（と呼ばれるもの）」に戦いを挑み、人間の最強プレーヤーの戦術をまねてそれを打ち負かすことができた。システムは、1秒当たり1万6000フレームのペースで画像を取り込み、2日間かけて過去のゲームのビジュアル・データを研究し、その結果、最高レベルのコンピュータに勝利する能力を身につけたのだ。[5]

○WeChatのもつ「規模」を医療に展開する

テンセントの事業でとりわけ際立つのが、医療分野におけるAIの活用だ。

テンセントは驚異的人気を博したWeChatメッセージング・プラットフォームに予約機能を搭載し、3万8000の医療施設に導入した。これを利用して顧客はアプリでオンライン予約ができるばかりでなく、WeChatの決済システムを介して治療費を支払うこともできる。[6]

テンセントはまた、ゲノミクスと最先端のスキャニング技術によって、個々の人間のもっとも詳細なデジタル・モデルを構築し、精度の高い医薬の開発のために貴重なデータを集めるスタートアップ、アイカーボンクスとも提携を結んでいる。[7]

この提携により、患者と医療機関のやりとりを記録した膨大なデータセットへのアクセスが可能になり、それを機械学習モデルのトレーニングに活用すれば、中国全土の患者の治療の必要性を予測できるようになる。

テンセントには、機械学習とコンピュータビジョンを用いて、患者の動画を撮影するだけでパーキンソン病の進行を監視するシステムもある。患者の動きをカメラで測定することで、医師は病状がどの程度進んでいるかをつねに把握し、適切な量の薬を処方して対応することが可能になる。その結果、患者が定期的な診察のために通院する回数を減らせるケースが増えるだろう。[8]

◦医師を模倣し、医師よりもはるかに迅速に診断する

テンセントの「ミーイン」は医療画像解析と診断のプラットフォームで、すでに中国国内10の病院に整備され、100以上の病院が今後の導入に同意している。[9]

ミーインを構成する主要なシステムはふたつだ。ひとつは、コンピュータビジョンを利用して医師によるMRIやX線検査などの医療画像分析を支援するシステム。もうひとつは、診断と治療を支援するシステムだ。[10]

ミーインはテンセントのAIラボの自社開発により生まれた製品で、数千枚のスキャン画像をもとに画像認識アルゴリズムをトレーニングしている。学習の結果、病気の兆候と考えられる複数の異常に何らかの相関関係を見つけられるようになり、深刻な医師不足に悩む地域において医師の負担を減らすツールとして、重要性がますます高まっている。[11]

スキャン画像の解析を終えると、もういっぽうのシステムが数千の医療文書と症例記録をもとに、病気の診断や治療を支援する。

医師のデータ解析アプローチを模倣するよう訓練されているのだが、このＡＩは人間よりもはるかに迅速、かつ着実なデータ解析を実行する能力を備えている。ミーインが特定可能な病気の兆候は、７００以上にものぼる。[12]

ラーニングポイント

- テンセントは、中国最大のＡＩ投資企業で、事業を展開するすべての業種でＡＩ利用の機会を逃すまいとしている。
- テンセントのテクノロジーの影響をとくに受けるのがゲーム業界だ。それを利用して、プレーヤーの年齢確認を行ったり、プレイ時間に制限を加えたりすることができる。本業に活かすことを忘れてはいない。
- また、テンセントは医療システムへのＡＩ導入の成功でも高い評価を受けている。異なる分野へのテクノロジーの展開に積極的にとり組んでいる。

1. Tencent, Tencent AI Lab: *https://ai.tencent.com/ailab/index.html*
2. CB Insights, Rise Of China's Big Tech In AI: What Baidu, Alibaba, And Tencent Are Working On: *https://www.cbinsights.com/research/china-baidu-alibaba-tencent-artificial-intelligence-dominance/*
3. CB Insights, Rise Of China's Big Tech In AI: What Baidu, Alibaba, And Tencent Are Working On: *https://www.cbinsights.com/research/china-baidu-alibaba-tencent-artificial-intelligence-dominance/*
4. SCMP, Tencent employs facial recognition to detect minors in top-grossing mobile game Honour of Kings: *https://www.scmp.com/tech/big-tech/article/2166447/tencent-employs-facial-recognition-detect-minors-top-grossing-mobile*
5. The Next Web, Tencent created AI agents that can beat StarCraft 2's Cheater AI: *https://thenextweb.com/artificial-intelligence/2018/09/20/tencent-created-ai-agents-that-can-beat-starcraft-2s-cheater-ai/*
6. CB Insights, Rise Of China's Big Tech In AI: What Baidu, Alibaba, And Tencent Are Working On: *https://www.cbinsights.com/research/china-baidu-alibaba-tencent-artificial-intelligence-dominance/*
7. CB Insights, Lifting The Curtain On iCarbonX: China's Overnight Unicorn Is Attacking Everything From Genomics To Smart Toilets: *https://www.cbinsights.com/research/icarbonx-teardown-genomics-ai-expert-research/*
8. The Week, How Tencent's AI can diagnose Parkinson's disease "within minutes": *http://www.theweek.co.uk/artificial-intelligence/96962/how-tencent-s-ai-can-diagnose-parkinson-s-disease-within-minutes*
9. Technode, How Tencent's medical ecosystem is shaping the future of China's healthcare: *https://technode.com/2018/02/11/tencent-medical-ecosystem/*
10. Xinhua Finance Agency, Tencent releases first AI-aided medical platform: *http://en.xfafinance.com/html/Industries/Health_Care/2018/361408.shtml*
11. Economist, China Needs Many More Primary Care Doctors: *https://www.economist.com/china/2017/05/11/china-needs-many-more-primary-care-doctors*
12. Xinhua Finance Agency, Tencent releases first AI-aided medical platform: *http://en.xfafinance.com/html/Industries/Health_Care/2018/361408.shtml*

Part

2

Retail, Consumer Goods
and Food and Beverage Companies

小売、消費財、食品、飲料会社

清涼飲料水を飲むのにも、デリバリーピザを頼むのにも、いまやAIの力が使われている。目に見える明らかな変化ではないとしても、私たちが「最近なんだか快適になっていないか?」と気づいたなら、それは、これらの企業がAIを導入しているからだ。テクノロジーはすでに、私たちの生活全般にかかわりをもつようになった。小さな買い物ひとつでも、その裏には最先端のAI戦略が活かされているのだ。

バーバリー/コカ・コーラ/ドミノ・ピザ/キンバリークラーク/マクドナルド/サムスン/スターバックス/スティッチフィックス/ユニリーバ/ウォルマート

11

バーバリー

オンラインで開発されたテクノロジーを、オフラインの店舗で活かし　最上のショッピングを

英国のファッション小売企業バーバリーは、高級ブランド製品を50カ国に500以上ある直営店および販売店で販売している。[1]ハイエンド・ファッション小売業界ではいまでも、顧客は高級ブティックならではの、ひとりひとりに合わせたきめ細かいサービスを受けている。

しかし、時代の流れにあわせてバーバリーは、実店舗の競争力を維持しつつ、ネット販売を展開するという戦略をとった。その結果として、ウェブ上で数々のイノベーションを起こしてきたテクノロジーを、再び実世界にうまく取り入れることに成功したのだ。

◦顧客傾向を考えれば、実店舗をなくすわけにはいかない

「ラグジュアリーなショッピング経験」を重視するブランドは、「日常の買い物経験をオンラインで再現すればいい」ほかの企業のように、Eコマースの流れにすぐさま乗ろうとはしなかった。

値の張る高級品を購入する人々は、明らかに、自分には完成度の高さや上質な素材を見きわめる能力があると自負している。さらにいえば、買い物をしながら、特別な場所で手厚いもてなしを受けるのが大好きなのだ。

つまり、バーバリーのような小売業者にとって、実店舗は戦略上なくしてはならないもので、オンラインが完全に取って代わる可能性は低いというわけだ。

いっぽう、オンライン・ショッピングは、わざわざ店に足を運ぶ必要がない、選択肢がふんだんにある、開店時間に縛られることがない、といった点で便利だ。インテリジェントな機械ツールは、山ほどある商品の選択範囲を、人間の脳が処理して決定できる程度まで絞り込んでもくれる。

実店舗を重視する小売業者は、オンライン小売業者がビジネスの場に持ち込んだ利便性と勝負

し、巨大な変化のなかで競争しなければならない。それができなければ、彼らに顧客を奪われ続けることになる。

。「オンラインのあたりまえ」を、どう実店舗で再現するか

裕福な買い物客に何度も来店してもらうために、バーバリーは、ＡＩを含む先進のデータ・テクノロジーを活用した。オンラインであたりまえになった強みや利便性の多くを、実店舗で再現することを目指したのだ。その中心的な戦略が、さまざまな「ロイヤルティ・プログラム」（訳注：企業やサービスを熱心に利用した優良な顧客に特典を付与する施策）だ。

顧客から得られたデータをもとにプロフィールを作成し、セグメントに分ける。それにより販売スタッフは、顧客の購入履歴ばかりでなく、類似のプロフィールをもつ数千人のデータまでもふまえて、商品の提案をすることが可能になる。

ＡＩは、店舗では売れ行き好調な商品がオンラインではふるわない理由を把握するのにも利用されている。明らかになった知見のひとつが、「製品画像が何よりも重要だ」というシンプルな（そ

れゆえに見逃されがちな）ことだった。オンラインであまり売れなかったアイテムの画像を刷新したところ、売り上げが１００％増えたケースもあった。[2]

◦顧客のオンライン履歴を、すでに販売員が把握している

バーバリーでは、顧客の許可を受けたうえで、オンラインと実店舗での購買傾向の追跡調査が行われている。その結果まとめられたデータを、店員はタブレット端末を使って確認できるようになっている。

店内の商品にはＲＦＩＤ（訳注：ＩＤ情報を埋め込んだＲＦタグから、無線通信によって情報をやりとりするもの、およびその技術全般）タグがつけられている。また、顧客がオンラインで閲覧している製品の追跡管理（アマゾンが利用しているのと同じ方法）で、顧客の関心事についてより多くの情報を手に入れている。

つまり、顧客の閲覧履歴や購入履歴、さらにはソーシャルメディア分析をふまえ、店員はさまざまな提案をしたり、顧客が興味をもちそうな商品をディスプレイしたりできるというわけだ。

その結果は？　実店舗を訪れる顧客のイメージをすぐにつかみ、オンラインと同様のレベルで、的確なおすすめ商品を提案することが可能になった。昔ながらの顧客サービスに慣れた人にとっては、名前まで覚えてくれている販売員が、ますます「自分のことをわかってくれる」と感じられるはずだ。

ＩＴ担当シニア・バイスプレジデントのデイビット・ハリスは、「我々は、ＡＩがより質の高い製品をつくり、プロセスの迅速化とコスト削減を進め、より示唆に富んだ分析を可能にし、事業価値をもたらしてくれると信じている」と語った。[3]

ラーニングポイント

- オフライン・ショッピングでは、オンラインよりもずっと以前から、ロイヤルティ・プログラムを活用した顧客行動の理解、調査、モデリングが行われてきた。
- バーバリーがこれまでとちがう点は、Ｅコマースに革命を起こしたテクノロジーであるＡＩソリューションによるデータ処理を、実店舗に採用したことだ。
- ハイエンド・ファッションを扱う小売業者は、目の肥えた顧客のために実店舗を維持する必要がある。ＡＩは、そのような顧客も満足させたうえで、オンライン・ショッピングの利便性を実世界で再現する。

1. Statistica.com, Number of Burberry stores worldwide in 2018, by outlet type: *https://www.statista.com/statistics/439282/burberry-number-of-stores-worldwide-by-outlet-type/*
2. Forbes, The Amazing Ways Burberry Is Using Artificial Intelligence and Big Data: *https://www.forbes.com/sites/bernardmarr/2017/09/25/the-amazing-ways-burberry-is-using-artificial-intelligence-and-big-data-to-drive-success/#35325a4d4f63*
3. AI Business, Where are Burberry with AI? Exclusive Interview with David Harris, SVP of IT: *https://aibusiness.com/where-are-burberry-with-ai-exclusive-interview-with-david-harris-svp-of-it/*

12

コカ・コーラ

多種多様な世界の市場を相手にして、それでもなおトップの座を守り続ける

世界最大の飲料メーカー、コカ・コーラは、ダイエットコーク、コカ・コーラゼロ、ファンタ、スプライト、ダサニ、パワーエイド、シュウェップス、ミニッツメイドをはじめ、500以上のブランドを毎日19億杯以上提供している。

この会社のすべてを動かしているのが、ビッグデータとAIだ。デジタル・イノベーション担当グローバル・ディレクターのグレッグ・チェンバーズはこんなふうに述べている。

「人工知能はあらゆる業務の基盤です。私たちはインテリジェントな経験を創出します。その経験に力を与える核となるのが人工知能なのです[1]」。

◦いつ、どこで、誰が、どうやって、どんな飲み物を

世界中でソフトドリンクを販売するための「ワイルドカード」はない。コカ・コーラ製品は200以上の国で売られているが、人気のフレーバー、好まれる砂糖やカロリーの含有量、優先されるマーケティング手法、ブランド別のご当地競合企業はそれぞれの地域によってちがいがある。

そのため、すべて地域の市場でトップを守り続けるには、膨大な量のデータを収集・分析して、500種類のブランドのうち、各地域の消費者に選んでもらえる可能性が高いものはどれかを決定しなければならない。いちばん定評のあるブランドでさえ、その味は国によって異なる場合があるのだ。そうした地域ごとの好みを知るのは、とてつもなく骨の折れるタスクだ。

コカ・コーラは毎日大量の飲料を自動販売機で提供している。最新の販売機では、まずタッチスクリーン画面にふれてほしい飲みものを選び、次に各種のフレーバーの「ショット」を追加してカスタマイズすることができる

「ある特定の設置場所で好まれそうな製品やフレーバー」を重点的に販売できるように、AIの導

入を開始したのだ。[2] 味だけではない、AI自販機は、ショッピング・モールならばカラフルにして楽しい印象を与え、ジムならパフォーマンスの実現にフォーカスし、病院の場合は外観をより機能重視にするなど、設置される場所に応じて「雰囲気」を変えることだって可能だ。

さらにAIは、ソーシャルメディアを解析して、「顧客がいつ、どこで、どうやって製品を消費するか」や「特定の地域で人気の製品はどれか」を知るのにも活用されている。

いまや、消費者の9割以上がソーシャルメディア・コンテンツを参考に購入の意思決定をしている。そうした現状を考えれば、[3] 数十億の顧客がフェイスブックやツイッターやインスタグラムなどで、コカ・コーラ製品についてどんな話をし、どんな情報をやりとりしているかを把握することは、マーケティング戦略にとって不可欠だ。

そこでコカ・コーラは、12万を超えるソーシャル・コンテンツとのエンゲージメントを分析し、顧客のデモグラフィック情報や顧客行動、製品を話題にしている傾向についての理解を深めた。

そのほかに、ロイヤルティ・プログラムのための確実な購入証明にもAIが用いられている。商品を買ったことを証明するのに、ボトルキャップに印字された14桁の製品コードをウェブサイトやアプリに手動で入力しなければならなかったときは、そのわずらわしさから、当然ながらプログラムの普及は進まなかった。
プログラムの参加者を増やそうとコカ・コーラは、「スマートフォンで1枚写真を撮れば購入が証明できる」画像認識技術の開発に取り組んだのだ。

○アイスティーの写真を見つけたら、アイスティーの広告を

コカ・コーラは、自社の製品がソーシャルメディアでどんなふうに取りあげられ、シェアされているかを知るために、37の「ソーシャル・センター」を設け、データを集め、分析をして知見を抽出している。目指すのは、ポジティブなエンゲージメントの創出に効果的なコンテンツをより多く作成することだ。

以前なら、そうしたコンテンツをつくるのは経験豊富な人間の仕事だった。けれどもコカ・コーラは、ソーシャルメディアのデータをもとに、広告やソーシャル・コンテンツを製作できる自動システムの開発を積極的に検討している。[4]

さらにコカ・コーラは、「潜在顧客の可能性をうかがわせるような写真」をソーシャルメディアで共有しているユーザのターゲティングを行っている。具体的な例をあげると、画像認識アルゴリ

ズムが、「おいしそうなアイスティーの写真」を見つけたら、それらを投稿した人々がアクセスするウェブサイトやアプリに、自社ブランドのアイスティーの広告が表示されるようにしたのだ。[5]

特定の個人がアイスティーを好み、友人と画像を共有するソーシャルメディアのアクティブ・ユーザの可能性があるとアルゴリズムが判断したなら、その人たちを広告のターゲットにすれば、広告費を有効活用できる確率が高い。

○ここでは「チェリー・スプライト」が「ペットボトル」で売れる！

自動販売機から収集されたデータをＡＩアルゴリズムで分析し、世界中に数十億いる顧客の購買習慣のちがいを、コカ・コーラはより正確に理解できた。

このようにして得られた知見を、コカ・コーラは新製品に関する意思決定にも活かしている。たとえば、米国で「チェリー・スプライトというテイスト」を「ペットボトルという容器」で販売すると決めたのは、その戦略が奏功する可能性が高いことがデータから明らかになっていたからだ。[6]

チェリー・スプライトの販売に踏みきったあとは、ソーシャルメディア投稿のエンゲージメント指標の解析によって、顧客の心に響き、製品の売り上げ増加をもたらすソーシャル広告を生みだすことができる。

それらの手法を組みあげることで、世界各国で実施されている各種ロイヤルティ・プログラムの顧客エンゲージメント率は上昇した。

ラーニングポイント

- 複数の国で数百種類の製品を販売する場合、顧客行動は市場ごとに著しく異なると考えられる。そのちがいがわかれば、ひとつのアプローチだけに頼るのではなく、それぞれの市場にふさわしい個別のマーケティング戦略を立てるのに役立つ。
- グローバル・ブランドの場合、ソーシャルメディアから集められたデータ(ならびに、コカ・コーラの場合は自動販売機で得られたユーザデータ)は、膨大なうえに種々雑多だ。AIはそういった「膨大」「種々雑多」の構造化が得意であり、知見を抽出することが可能になる。
- AIの活用が進んでいるブランドは、マーケティングの意思決定のほか、新しい製品やサービスのデザインにも活用の範囲を広げはじめている。

1. Venturebeat, Coca-Cola reveals AI-powered vending machine app: *https://venturebeat.com/2017/07/11/coca-cola-reveals-ai-powered-vending-machine-app/*
2. Digital Food and Beverage, Coca-Cola is Using AI to Put Some Fizz in Its Vending Machines: *https://foodandbeverage.wbresearch.com/coca-cola-artificial-intelligence-ai-omnichannel-strategy-ty-u*
3. Nastel, Social Media Analytics At Coca-Cola: Learning From The Best: *https://www.nastel.com/blog/social-media-analytics-coca-cola-learning-best/*
4. Adweek, Coca-Cola Wants to Use AI Bots to Create Its Ads: *https://www.adweek.com/digital/coca-cola-wants-to-use-ai-bots-to-create-its-ads/*
5. Digiday, How Coca-Cola targeted ads based on people's Facebook, Instagram photos: *https://digiday.com/marketing/coca-cola-targeted-ads-based-facebook-instagram-photos/*
6. Coca-Cola, Fountain Favorite: Sprite Cherry is First National Brand Inspired by Coca-Cola Freestyle: *https://www.coca-colacompany.com/stories/fountain-favorites-sprite-cherry-and-sprite-cherry-zero-become-first-national-brands-inspired-by-coca-cola-freestyle*

13

ドミノ・ピザ

完全自動で顧客の玄関先まで、熱々のピザを届けることを目指す

ドミノ・ピザは世界最大のピザ宅配業者だ。2017年[1]の時点で85カ国に4万8000店舗を構え、毎日300万枚以上のピザを販売した。

「ピザの調理・配達」と「テクノロジー・ビジネス」は、にわかには結びつかない気もするが、ドミノ・ピザはつねに新しい技術を積極的に取り入れてきた。なかでももっとも注目に値するのが、あらゆるプラットフォームからピザの注文ができるようにしたことだ。

いまや、デジタル・チャネルを介した注文は売り上げのじつに6割超を占める[2]ようになった。スマートTV、フェイスブック、ツイッター、アマゾン・エコー、スマートウォッチなど、さまざまな方法で顧客はピザを注文することができて、なかには「ショートメッセージでピザの絵文字を送る」といったごくかんたんな方法まであるのだ。

ずっと以前から、大量のデータとその解析をマーケティング戦略の重要な要素と考えてきたドミノ・ピザは、サービス向上の方法や顧客についての理解を深めている。現在はＡＩを活用し、さらに安定した品質の確保と、より迅速かつ環境に優しい配達インフラの確立に取り組んでいる。

。写真を撮って品質管理をするピザ・チェッカー

ファストフード業界にとって、顧客は気まぐれな生き物だ。生活習慣や食の流行が変わるたびに新しい選択肢が生まれ、「いつでもおいしい」という期待を一度でも裏切ろうものなら、顧客は決して納得せず、ライバル会社やべつのファストフードに流れていく。

しかも、宅配という業態は、顧客にはとても便利な食事の手段だが、企業の側にしてみれば燃料代や人件費がかさむうえ、ピザを運ぶたびにかかる環境コストを考えると、高くつくビジネスとなっている。

そこでドミノ・ピザは、「ピザ・チェッカー」と呼ばれるシステムの利用を開始した。これは、焼きあがったピザ１枚１枚の写真を撮り、機械学習アルゴリズムを使って品質検査を実行してか

ら、おなかをすかせた顧客のもとに届けるシステムだ。[3]

システムに搭載されたカメラがピザの種類と顧客のオーダーを照合し、注文通りのピザがつくられたかどうかをチェックする。また、トッピングがまんべんなく乗っているか、生地が正しい温度できちんと焼けているかもたしかめる。

2017年に、7カ国2000店のドミノ・ピザに設置されたピザ・チェッカーは、ピザの写真に、「できが悪ければつくりなおします」というメッセージを添えて、宅配前に顧客に送信している。ここまでしているのだから、やむを得ない事情で遅れることがあっても、大目に見てくれるとありがたい!というわけだ。

。おいしいピザを自宅まで、ドリューがお届けします

AIは電話注文の処理にも活用されている。ドミノ・ピザは、電話で注文する顧客と音声でコミュニケーションをとることができる、（アップルのSiriのようなスタイルの）独自の「バーチャルアシスタント」技術を開発した。最初のリリースは2014年で、その名を「DOM」という。さらに2017年には、より高機能の自然言語処理技術を搭載した新バージョンの「DRU」[4]（ド

リュー）が導入された。

ドリューはより複雑な問い合わせに対応し、電話をかけてくる人によっててんでばらばらの発話のパターンや癖を理解することができる。

ドリューとは「Domino's Robotic Unit」の略で、じつは、ピザ・チェッカーやバーチャルアシスタントや自動配達車など、ドミノ・ピザの全事業部門の自動化技術の総称である。

そう、ドミノ・ピザは自動運転によるピザの宅配の実現に向けても積極的に取り組んでいるのだ。自動車メーカーのフォードと連携し[5]、米国のアナーバーやマイアミのピザ愛好者との提携を通じて[6]、配達中もピザの温度を保てるようにオーブンを備えた自動運転車を開発し、宅配実験に参加してきた。

その後、スターシップ・テクノロジーズ（訳注：欧州や米国でデリバリーロボットサービスを展開する企業）と手を組み、ドイツとオランダで完全自動運転車の宅配試験に乗りだしている[7]。スターシップのロボットは六輪車で、カメラはもちろん、GPS、レーダー、音波センサーをも駆使して自動運転を行う。

ドミノ・グループCEO兼マネージング・ディレクターのドン・メイは、「我々はグローバル企業として、業務を行うすべての国で革新的な技術が進歩してほしいと熱望している。ロボットによる宅配の商用展開にまた一歩近づける、スターシップとの提携をとてもよろんでいる」と語った。

ドミノ・ピザは、コンピュータビジョンの導入によって、顧客の品質への期待を満たさなかったために廃棄されるピザの数を減らしたいと考えている。食品ロスの問題だけではない。サービスへの期待を裏切ったことがきっかけで、本来ならば生涯ずっと自社製品に価値を感じてくれただろう顧客が、よそに移ってしまうおそれも減らしたいのはいうまでもない。

ドリューが「明日」にも玄関先にピザを届けてくれる可能性は低いそうだが、同社は近い将来、自動配達が現実のものになることを十分に意識している。

ラーニングポイント

- 何百万人もの顧客にサービスを提供し、多数の店舗をもつ企業においては、顧客は安定した品質レベルとサービスを期待するようになる。ＡＩはそのレベルを維持するうえで役に立つ。
- 人を運ぶだけでなく、自動運転車は顧客の家に直接、「熱々でなければいけないもの」といった特殊な荷物を届けるのにも適用できる。

。自動運転技術は事業者のコストを節約できる（その分低価格で商品を提供できる）のみならず、環境にも優しいというメリットもあるかもしれない。ロボットは人間よりも配達経路を効率よく決めることができるからだ。

1. The Times, Pizza guzzlers give Domino's a slice of success: *https://www.thetimes.co.uk/article/pizza-guzzlers-give-dominos-a-slice-of-success-dzftlldtn*
2. PR Newswire, Domino's on Quest for Digital Dominance Using Artificial Intelligence: *https://www.prnewswire.com/news-releases/dominos-on-quest-for-digital-dominance-using-artificial-intelligence-300633827.html*
3. Interesting Engineering, Domino's Will Use AI to Make Sure Every Pizza They Serve Is Perfect: *https://interestingengineering.com/dominos-will-use-ai-to-make-sure-every-pizza-they-serve-is-perfect*
4. ZDNet, Domino's partners with Nuance for DRU artificial intelligence: *https://www.zdnet.com/article/dominos-partners-with-nuance-for-dru-artificial-intelligence/*
5. Tech Radar, Ford and Domino's are filling self-driving cars with pizza to see how we feel about it: *https://www.techradar.com/news/ford-and-dominos-are-filling-self-driving-cars-with-pizza-to-see-how-we-feel-about-it*
6. Tech Radar, Ford and Domino's demonstrate self-driving deliveries with-what else- pizza: *https://www.techradar.com/news/ford-and-dominos-demonstrate-self-driving-deliveries-with-what-else-pizza*
7. Starship, Starship Technologies launches pilot program with Domino's Pizza Enterprises: *https://www.starship.xyz/press releases/starship-technologies-launches-pilot-program-with-dominos-pizza-enterprises/*

14

キンバリークラーク

マーケティング重視の企業は、AIテクノロジー企業に変貌を遂げなければならない

キンバリークラークは、ハギーズ、クリネックス、スコットをはじめとする世界でもっともよく知られたパーソナルケア製品を製造し、175カ国で販売している。世界の人口のじつに4分の1が、同社の製品を日常的に使っている[1]。

派手さはないかもしれないが、日常生活の必需品なので、効率的な生産、販売、配送を徹底するために多大なリソースが投じられている。

つまり、ほかの多くの大企業がそうであるように、キンバリークラークもまた、最大限の収益性を実現するには、事実上テクノロジー企業になる必要があることに気がついていたのだ。定評のある日用品の生産に加え、キンバリークラークは150を超えるその内製技術を、スタートアップ企

業からフォーチュン100企業にいたるまで幅広くライセンス供与している。[2]

◦妊娠がわかったら、すぐにハギーズをおすすめ

パーソナルケア製品の業界では、企業は顧客の生活を徹底的に把握して、彼らが製品をどのように使用しているかを知る必要がある。そのなかには、結婚や妊娠といった人生を変える出来事が、顧客の習慣や生活パターンにどんな影響を及ぼすかについての理解も含まれる。

キンバリークラークはAIを利用して、顧客や事業運営から得られるあらゆるデータの理解に努めている。データを使って詳細な顧客モデルをつくり、実際の顧客を該当するモデル別に「分けて」、彼らが求める商品についてのヒントを得ているのだ。

大きな成功例のひとつが、妊娠時期の購買予測の正確性が向上したことだ。リサーチの結果、妊娠がわかったらできるだけ早いうちにハギーズ・ブランドを紹介することが、妊婦を顧客に転換させるカギであることが判明した。さらに、妊娠関連商品を購入する可能性があると特定された顧客には、ロイヤルティ・プログラムへの加入をすすめたり、割引クーポンを提供したり、育児アドバ

イスなどの有用なコンテンツを教えたりしている。[3]

世界中で、毎日毎秒1万5000を超えるキンバリークラーク製品が売られている。そうした販売のひとつひとつから、販売時間や場所、ロイヤルティ・プログラムやオンライン・ショッピングのプロフィールによる顧客情報などのさまざまなデータが得られるほか、ニールセンのレーティングなどの情報源からも外部データを得ることができる。

これほど多量のデータを扱うとなると、従来型のビジネス・インテリジェンスやカスタマー・リレーション技術の処理速度では、データの鮮度が低下しないうちに知見を引き出すのは無理だ。

そこで雑多なデータからの意味の抽出を可能にするのが、AIとそれをサポートするためのテクノロジー、たとえばビッグデータを処理するためのプラットフォームである「ハドゥープ」(訳注：大規模なデータの蓄積と分析を分散処理技術によって実現するオープンソースのフレームワーク)や、モノのインターネットのフレームワークである。

○友人や家族にすすめてくれる、理想的な購入者を増やす

キンバリークラークはニールセンと手を結び、そのマーケティング・クラウドのプラットフォームを利用しているほか、レブトラックス（訳注：ニューヨークのマーケティング分析企業）のソフトウェアや、機械学習を販売促進や顧客経験のカスタマイズに役立てるウェブトレンズ（訳注：米国の非公開会社。アクセス解析などの一貫したソリューションを提供する）のソリューションも活用している。[4] たとえば、予測解析は、顧客がどのセグメントに属するかを把握して、（ハギーズのおむつの例にあるように）彼らに適切な製品を提供するのに役立てられている。

また、収集した膨大な量のデータの保存と分類には、タブロー（訳注：データ分析ツールを提供する米国の企業）、アマゾン、パノプリー（訳注：イスラエルの新興企業）との提携が奏功している。[5]

ウェブトレンズの最先端の解析ツールを採用した結果、会員登録率が17％アップした。また、同社の介護用おむつブランド、ディペンドの顧客ターゲティングを最適化するためのキャンペーンでは、コンバージョン率が24％上昇した。[6]

これは、分析の結果、反応が大きいと予測された顧客のプロフィールにぴったり合ったコンテンツを作成したからできたことだ。

これらの顧客は、友人や家族に積極的に商品をすすめるだけでなく、長期的なリピート購入者になる可能性も高い。

ラーニングポイント

- 今日、業界を問わずマーケティング重視の企業はテクノロジー企業へと変貌を遂げている。つねに競合他社の先を行くためには絶対に必要なことだ。
- 顧客の区分やターゲティングのためにビッグデータを扱うには、従来型のビジネス・インテリジェンス・ソリューションよりも、ＡＩ主導型の解析のほうがはるかに強力なツールである。
- 必要な人材を集めるには、企業はテクノロジーの先駆者かつ第一人者としての評価を勝ち取らなければならない。もちろん、コンピュータが自力で会社を経営できるほど賢くなるまでの話だが。

1. Kimberly-Clark, Our Brands: *https://www.kimberly-clark.com/en-us/brands/our-brands*
2. Kimberly-Clark, Our Brands: *https://www.kimberly-clark.com/en-us/company/technology-licensing*
3. Webtrends, Kimberly-Clark Case Study: *https://www.webtrends.com/about-us/client-success/kimberly-clark/*
4. Nielsen, Machine Learning Powered Marketing Personalization Innovation: *https://www.nielsen.com/us/en/press-room/2016/machine-learning-powered-marketing-personalization-innovation-unveiled.html*
5. Tableau, How Kimberly-Clark saved $250k with a platform powered by Tableau, Amazon Redshift, and Panoply: *https://www.tableau.com/about/blog/2018/2/how-kimberly-clark-saved-250k-platform-powered-tableau-amazon-redshift-and-panoply*
6. Webtrends, Kimberly-Clark Case Study: *https://www.webtrends.com/about-us/client-success/kimberly-clark/*

15

マクドナルド

AIは労働者を放りだすのか、それとも彼らの仕事を楽にするのか

マクドナルドは120カ国以上に3万6000の店舗をもち、40万人のスタッフを雇用している。[1] 2017年はじめ、マクドナルドはAIを含むデジタル・テクノロジーの活用に注力した、新たな成長促進戦略を明らかにした。[2]

AIを活用する店舗のなかで目を惹くのが「セルフオーダー・キオスク」（訳注：セルフレジ）だが、これは人間の仕事を奪う機械の代表格にあげられることが少なくない。

けれども、マクドナルドがテクノロジーを導入するおもな理由は、同社の言葉を借りるなら、イートイン、テイクアウト、ドライブスルー、オーダー・デリバリーを問わず、顧客とのインタラクションを新しくつくり変えることにある。

◦顧客は時間が節約できて、企業は情報が集められる

レストラン・チェーンは、売れ残りをムダにしたり、顧客が求める商品が品切れになったりしないように、在庫の管理を慎重に行わなければならない。

また、従来の固定式のメニュー表示は、手作業で更新しない限り、各店舗が「それぞれの時間帯でいちばん売れそうなアイテムを重点的に販売する」といった柔軟な対応は不可能だった。そもそも、きわめてスピーディーでまちがいのないサービスを期待しているたくさんの客をさばくこと自体が、とても難しいタスクなのだ。

そのため、「デジタル・メニューボード」が開発され、セルフオーダー・キオスクが導入された。これらを活かせば、プロモーションの対象となるアイテムを各店舗で独自に決めることができる。各店舗の判断材料となるのが、地域による注文の傾向だが、古くなる前に使ってしまう必要がある在庫なども無視できない大きな要因となる。[3]

もちろん、もっとメニューをインテリジェントに変更することもできる。たとえば、気温が下がったら身体を温めるフードの提供をはじめる、逆に晴れて暑い日には、サラダやアイスクリーム

がメニューの目立つ位置にディスプレイされる、といったようなぐあいだ。

顧客は店で注文した商品を受け取るのに列に並ばなくていいし、ほしいアイテムを見つけるのにメニューをながめる時間が短くてすむ。いっぽうマクドナルドのほうは、顧客行動に関する詳細な情報を集め、今後の購買パターンの予測に活用できる。

○ファストフード・チェーンに広がるセルフオーダー・キオスク

セルフオーダー・キオスクは、英国とカナダの全店舗に置かれている。米国では四半期ごとに1000台のペースで設置が進められていて、2020年までにすべての店舗に導入される予定だ。[4] どんなデータが収集、活用されているかをマクドナルドはほとんど公表していないが、インテルの話では、端末はデータを集め、顧客行動を知るのに役立つという。[5]

考えられるのは、購入された商品と、店舗の場所や訪問時間といった外部要因とを検討して、さらに同様のパターンに該当する過去の顧客のオーダーを参考にし、顧客が購入しそうなものを予測することだ。カナダの店舗では同社初の予測機能をもつデジタル・メニューボードが導入されたとき、最初の年には売り上げが3〜3・5%増加した。[6]

セルフオーダー・キオスクへの転換を図っているファストフード・チェーンは、マクドナルドだけではない。競合他社がそうしたテクノロジーをいかにして活用しているか、同社はつねに目を光らせているはずだ。

たとえば、北京のKFCはバイドゥと提携し、セルフオーダー端末に顔認識技術を組み込んだ。AIを使い、年齢や性別だけでなく彼らの気分までも考慮して、顧客が好みそうなメニューを予測する。類似のプロフィールをもつ人が過去に注文した商品が、メニュー画面のいちばん目を惹く場所にディスプレイされるのだ。[7] KFCは顔認識機能をもつスクリーンを5000店舗に配置する計画だが、もし結果が「吉」と出れば、マクドナルドはまちがいなくそれに続こうとするだろう。

さらに、ファストフード業界において、AIによって自動化されるのは接客の仕事に限らない。米国のカリバーガー・チェーンは、調理補助ロボットの実験を行っている。フリッピーと呼ばれるこのロボットは、サーマル・ビジョンを利用してバーガーがちゃんと焼けているかを「たしかめる」のだ。[8]

◦ 人間をロボットに代えるつもりはない、といっているが

では、社会的な影響のほうはどうだろう。

そうした端末の導入には、人間を機械に代えようという大企業の意向が如実に反映されていると考えていいのだろうか。それがもし、持続的なコストの削減につながるのだとすれば（まだ証明されてはいないが）、答えは残念ながら「イエス」だ――少なくとも長期的には。

そうならないように、あるいはその影響をいくらかでも緩和するために、政治家が介入してくることも考えられる。なかにはすでにそうした問題を視野に入れている政治家もいるようだ。たとえば、英国労働党のジェレミー・コービン元党首は、「ロボット税」なるものを提案している。[9]

ＡＩの恩恵にあずかっている企業は、生みだした富を社会と共有し、ＡＩが引き起こすかもしれない失業者の増加にかかるコストの一部を負担する義務がある、というのがその主張だ。

とはいえ、総じてみれば、これは政治家を動かすのに必要とされる強い世論を巻き起こすほどの問題ではなさそうだ。とりあえずいまのところは……。ただ、今後この問題に対する人々の認識が高まる可能性はあるだろう。

もちろん、あくまでもマクドナルドは人間のスタッフをロボットに代えるつもりなどないという立場をとっている。同社によると、仕事の内容が機械と重複するレジ係は、店舗の顧客サービスを中心としたほかの職種に配置換えされるという。[10]理想をいえば、より報酬の高い仕事につけるなり、キャリアアップに役立つ新たなスキルを教えるなりしてしかるべきだろう。

ラーニングポイント

- 自動化とＡＩの導入に取り組む企業は、テクノロジーは労働者を放りだすのでなく、彼らを助けるものであることを伝えようと躍起になっている。
- その理由は、仕事を奪われるのではないかという恐怖心に対して、細心の注意を払わなければならないからだ。もちろん、これはマクドナルドだけの話ではない。
- しかし、あらゆる事業分野でＡＩによる自動化が進んだら、長期的に見て雇用市場にどんな影響があるかは依然として不透明だ。

1. Investopedia, McDonald's vs. Burger King: Comparing Business Models: *https://www.investopedia.com/articles/markets/111015/mcdonalds-vs-burger-king-comparing-business-models.asp*
2. McDonald's, Our Growth Strategy: *https://corporate.mcdonalds.com/corpmcd/about-us/our-growth-strategy.html*
3. Food Business News, McDonald's finds flexibility with digital menu boards: *https://www.foodbusinessnews.net/articles/7624-mcdonald-s-finds-flexibility-with-digital-menu-boards*
4. USA Today, McDonald's: You buy more from touch-screen kiosks than a person. So expect more kiosks: *https://eu.usatoday.com/story/money/nation-now/2018/06/07/mcdonalds-add-kiosks-citing-better-sales-over-face-face-orders/681196002/*
5. Intel, McDonald's And Predictive Analytics: They're Lovin' It: *https://www.intel.co.uk/content/www/uk/en/it-managers/mcdonalds-predictive-analytics.html*
6. Food Business News, McDonald's finds flexibility with digital menu boards: *https://www.foodbusinessnews.net/articles/7624-mcdonald-s-finds-flexibility-with-digital-menu-boards*
7. The Guardian, KFC China is using facial recognition tech to serve customers - but are they buying it?: *https://www.theguardian.com/technology/2017/jan/11/china-beijing-first-smart-restaurant-kfc-facial-recognition*
8. Live Science, Humans Couldn't Keep Up with This Burger-Flipping Robot, So They Fired It: *https://www.livescience.com/61994-flippy-burger-flipping-robot-flops.html*
9. Techemergence, Fast Food Robots, Kiosks, and AI Use Cases from 6 Restaurant Chain Giants: *https://www.techemergence.com/fast-food-robots-kiosks-and-ai-use-cases/*
9. ZDnet, Jeremy Corbyn wants to tax robots and their greedy overlords: *https://www.zdnet.com/article/jeremy-corbyn-wants-to-tax-robots-and-their-greedy-overlords/*
10. Business Insider, McDonald's shoots down fears it is planning to replace cashiers with kiosks: *https://www.businessinsider.com.au/what-self-serve-kiosks-at-mcdonalds-mean-for-cashiers-2017-6*

16

サムスン

「ＡＩをすべての家電製品に搭載する」、そのために必要なこととは

サムスンは世界最大の収益を誇る家電企業で、毎年5億個のインターネット接続デバイスを製造、販売している。

２０１８年、サムスンは2年以内にそうしたデバイスのすべてにＡＩを組み込むと発表した。[1] 利便性の向上が、最新型のスマートフォンから冷蔵庫、テレビ、洗濯機にいたるまで、同社製品に対する消費者の支出を牽引すると確信しているという。

また工業テクノロジーの分野では、ＡＩ搭載ロボットの「サラム」（韓国語で「人」を意味する）を発表した。当初は重たいものをもちあげるために使用される予定だったが、最終的にその技術は手術を行えるレベルにまで達することになるという。

◦デバイスごとに乱立する標準を、どうにかできないか

家庭ではインターネットに接続されたデバイスが生活の一部になりつつあり、最新式の車や電話や家電には、データの収集・共有機能が組み込まれている。身体に関するデータを集めてスマートフォンで分析できるスマートウォッチや、電力使用を分析して節約のポイントを教えてくれる電力メーターなど、多様な機能を搭載した製品が次々に登場しているのだ。

問題なのは、そうした技術の大部分がまだごく初期の段階にあって、さまざまな標準や操作手順が競うように混在していることだ。いくつものアプリやインターフェースを使い分けなければならないし、過剰な情報がそれぞれの関連づけを著しく妨げるおそれがあるのだ。

現在サムスンには、アップルのSiriやアマゾンのアレクサとほぼ同様のＡＩパーソナルアシスタント「ビクスビー」がある。

いまや多くの音声認識バーチャルアシスタントが販売されているが、どの機能を画期的にするか、どの機能を他社製品と横並びでもよしとするかは、各社でちがいがみられる。ビクスビーの際

立った特徴は、スマートフォンのインターフェースを使って、ひとつのアプリケーションでできるすべてのタスクをサポートできることだ。[2]

スマートフォンに自然言語を理解するバーチャルアシスタントのビクスビーを搭載したことで、サムスンはアマゾンやアップルやマイクロソフトと競合できるようになった。ユーザはデバイスとのより摩擦のないインタラクションが可能になり、結果としてより迅速かつ容易にタスクを片づけることができる。

2018年5月の、AI対応音声アシスタント・デバイス市場におけるビクスビーのシェアは6・2%で、市場リーダーであるアップルのSiriの45・6%、グーグルアシスタントの28・7%に及ばない。[6] 注目すべきは、グーグルアシスタントやSiriとは異なり、ビクスビーはスマートフォンでのみ利用可能で、独立型のアシスタント・デバイスではない点だ。ただしそれも、「すべてのデバイスにAIを搭載する」というサムスンの計画が実を結べば、変わる可能性がある。

サムスンが目指しているのは、AIを活用して、人間と機械のコミュニケーションにおける最後の障壁を打ち破ることだ。以前は、機械のプログラミングは専門のプログラミング言語を使って四苦八苦しながら行わなければならなかった。しかしいままでは、人間の平易な話し言葉でのコミュニケーションに変わりつつある。

○ロボットアームがやがて家庭用のロボットに

ＡＩロボットのサラムが発表されたのは２０１８年。当初の計画では製造工場で力仕事に使用されることになっていた。ロボットアームにＡＩを搭載すれば、たとえば「完成品を組み立てる前に部品の損傷や欠陥を発見する」といったように、よりスマートに仕事をこなす能力をもつことできる。

さらに、将来的には、ロボットアーム技術はサムスンが開発を進めるといわれている二足歩行ロボットに使用される可能性がある。[3]

ロボット・システムのサラムについて公式発表されている情報はとても少ない。特許および商標の出願にもとづいて推察するに、サムスンは人間のような二足歩行ロボットの工業利用に向けて尽力しているようだ。そうしたロボットの製造につきものの問題は、ＡＩのおかげでどんどん解決されつつある。いまや最新型の人型ロボットは、動いている物体と突然ぶつかっても、バランスを保つことができるのだ。[5]

サムスンはまた、イスラエルのロボットメーカー、イントゥイション・ロボティクスにも投資をしてきた[4]。イントゥイションはソーシャル・コンパニオン・ロボットの「ＥｌｌｉＱ」を開発した会社だ。ＥｌｌｉＱは、高齢者の生活や社会とのつながりを手助けするバーチャルアシスタントで、このことからも、ＡＩとロボット工学を家庭に普及させる計画にサムスンが精力的に取り組んでいるのは明らかだ。

○家のコンピュータ化が進んだときに、勝者となるのは？

サムスンはまた、さまざまなインテリジェント・デバイスをすべて一括制御するためのプラットフォーム、「スマートシングス」の提供もスタートした。管理手順をもっと楽にすれば、これまでの顧客がスマート冷蔵庫やスマート炊飯器やスマートコーヒーメーカーを家に置くようになると考えたのだ。

スマートシングス・プラットフォームの開発により、サムスンには、「コネクテッド・ホーム」（訳注：ホームオートメーションにＩｏＴ技術を取り入れ、家電や各種モバイル端末などのさまざまな機器が常時コンピュータネットワークで接続された住宅）のコンセプトを、コンピュータに詳しくない一般の人々にうまく売り込んだ最初の企業になれるかもしれない。

家のコンピュータ化が進めば、次は、あらゆるものをネットにつなぐ標準のオペレーティング・システムを開発した者が大成功をおさめるだろう。

ラーニングポイント

- サムスンが、「ＡＩをすべての家電製品に搭載する」という目標の実現に全力を注いでいることは明らかだ。また、自律移動型ロボットが今後家庭や職場に大きな影響を及ぼすとも確信している。
- サムスンが提供するサービスでは、ＡＩが各種のスマートデバイスから集めたデータをすべて集約し、私たちがそれを利用して、何ができるかを提示してくれるだろう。
- コネクテッド・スマート・ホームはいまだにテクノロジーに精通した人々の領域だが、より多くの人々がその効率のよさに気づき、消費者が使いやすいソリューションがつくられるようになれば、状況は変わる。

1. Financial Review, CES 2018: Samsung vows to add artificial intelligence to everything it does: *https://www.afr.com/technology/ces-2018-amsung-vows-to-add-artificial-intelligence-to-everything-it-does-20180108-h0fdtd*
2. Forbes, How Is Samsung's Bixby Different From Other Voice First Systems?: *https://www.forbes.com/sites/quora/2017/03/23/how-is-samsungs-bixby-different-from-other-voice-first-systems/#6ea3d30445f3*
3. Business Korea, Samsung Electronics to Make Artificial Intelligence Robot "Saram": *http://www.businesskorea.co.kr/news/articleView.html? idxno=20610*
4. Venturebeat, Intuition Robotics nabs Samsung as investor, launches
U.S. beta trial of ElliQ companion robot: *https://venturebeat.com/2018/01/09/intuition-robotics-nabs-samsung-as-investor-and-launches-beta-trial-of-elliq-social-companion-robot/*
5. The Week, Bipedal humanoid robot masters human balancing act: *https://www.theweek.in/news/sci-tech/2018/10/03/Bipedal-humanoid-robot-masters-human-balancing-act.html*
6. Business Insider, Siri owns 46% of the mobile voice assistant market - one and half times Google Assistant's share of the market: *https://www.businessinsider.com/siri-google-assistant-voice-market-share-charts-2018-6*

17

スターバックス

コーヒーという嗜好性の高い商品を、異文化で売るための戦略的サービス

スターバックスは世界に約3万軒ある店舗で[1]年間およそ40億杯のコーヒーを提供している。提供されるのはシンプルなコーヒーだけではない。本格的なエスプレッソからアイスキャラメルモカチーノまで、通常メニューでもじつに8万7000通り[2]もの組み合わせを楽しむことができるのだ。

創業の地である米国で長年トップの座にあるスターバックスは、1990年代中頃に海外進出をはじめ、多くの市場でローカルチェーンとの激しい競争に直面した。2018年時点で最大の国外市場は、店舗の12・4%がある中国だ。[3]

コーヒーと紅茶——スターバックスの売り上げの大半を占める——の飲み方は文化によって異な

る。数百万人ひとりひとりの好みに合うサービスを目指し、コーヒーショップの巨人は莫大な取引データや顧客データを生成し、利用している。

◦地域市場に溶け込んだローカル店と競争するためには

世界中のこれほど多くの国々に、これほど多くの製品を提供するには、それだけ多くの店舗が必要だ。すべての店で在庫をそろえ、いつでも顧客に出せるようにするには、綿密な計算をしなければならない。ちょっとした計算ミスが、輸送や保管などのロジスティクス面で、多額のムダなコストを発生させるおそれがある。スターバックスくらい広範囲に大規模な店舗網をもつ企業の場合、小さな非効率が積み重なればあっというまに大きな非効率が生まれるのだ。

スターバックスが市場に提供するのは、昔ながらのゆったりとした雰囲気のなかで温かい飲みものを楽しんでもらう米国スタイルのサービスだ。けれども、外国で顧客の日常生活の一部になりたいと思うのならば、地域の文化の基準や顧客の習慣に合ったアプローチで対応しなければならない。多くの市場で地域の顧客の生活にすでに溶け込んでいるローカルチェーンと競合するなら、なおのことである。

スターバックスは、ロイヤルティ・プログラムやモバイルアプリを通じて、顧客の許可を得たうえで、顧客行動を追跡しデータを収集している。

アプリを使えば、顧客は事前に注文と支払いを済ませ、レジに並ばずにカウンターでフードやドリンクを受け取ることができる。2017年時点で1700万人以上がこのアプリを利用している。[4]

こうして集められた情報があれば、それぞれの顧客に合ったプロモーションを展開することもできる。顧客が好みそうな商品を、アプリを通じて直接提案するのだ。

スターバックスが利用するAI対応システムは、「デジタル・フライホイール・プログラム」と呼ばれている。[5] その役割は、地域性、時間帯、天気などの要因をもれなく考慮して、店を訪れる、ないしは携帯でアプリを開く顧客が何を注文するかを予測をすることだ。

。ロボットがコーヒーをデスクまで届けてくれる日も近い？

中国で展開されるスターバックスのデリバリー・サービスでも、AIは重要な役割をはたすことになるだろう。

スターバックスはアリババと提携し、先日アリババ傘下となったスマート・フードデリバリー

Ｅｌｅ・ｍｅが開発した技術を利用することになった。[6] ２０１７年にＥｌｅ・ｍｅは、機械学習を用いて走行し、軽食や飲みものを配達する自律型フードデリバリー・ロボットを発表している。[7] 大規模なオフィスビルのなかを自動で走るよう設計されたロボットが、私たちのデスクに直接コーヒーを届けてくれる――そんな日がもうすぐ来るかもしれない。

独自の配達サービスを開発するのでなく、アリババとの提携を選んだのは抜け目ない作戦といえるだろう。アリババ（と傘下のＥｌｅ・ｍｅ）は、すでに最先端技術を駆使した配送網を備え、効率向上を図っている。それをゼロから構築し追いつこうとするなら、スターバックスには多額のコストがかかったはずだ。

。顧客に合わせた提案で、ブランド・ロイヤルティを高める

スターバックスのデジタル・フライホイールのデータ解析プログラムには、店舗およびアプリで得られた毎週９０００万にものぼる、データが投入されている。[8]

そうしたデータは、彼らが知っておくべき必要のあるすべてのこと――誰が、何を、いつ、どこで購入するか――を教えてくれる。その後、データはロイヤルティ・プログラムやアプリを介して

収集された顧客個人のデータと関連づけられる。

アプリ自体にも「バーチャル・バリスタ機能」のＡＩが搭載されている。[9]自然言語処理を利用して人の話し方のニュアンスを理解する点は、ほかのバーチャルアシスタントと変わらない。このＡＩの特徴は、スターバックスで飲みものをオーダーするときに使われる、状況に応じて変化するややこしい言葉に対応できるよう訓練されているところだ。

これらの導入の結果、顧客の習慣についての理解が深まり、スターバックスは適切なタイミングで適切な商品を提案したり、顧客それぞれに合わせた販促活動を展開したりして、ブランド・ロイヤルティを高めることが可能になった。

つまり、きわめて関連性の高い地域ごとのデータを活用して、製品ラインナップやマーケティング戦略を個々の市場に合わせて決めることができるというわけだ。

スターバックスは、世界中の店舗をデジタル・フライホイール・プログラムに対応できるようにするという。[10]

ラーニングポイント

- 顧客には事前に注文すれば列に並ばなくてもいいという利便性を提供し、それと引きかえにスターバックスはデータを手に入れてサービスの改善に役立てる。
- 飲食店もオンライン同様の利便性を提供しようと変革を図っている。すなわち、スマートフォンと店内システム、およびアプリを使った購入で生まれる、顧客と店舗の双方向性の確立を目指しているのだ。
- 他企業とのパートナーシップが、新たな事業拡大に多大なメリットをもたらすことは少なくない。いまでは、得意とする分野に応じてさまざまな専門企業と提携し、彼らのデータや解析技術（その両方というケースが増えている）を共有するのが一般的だ。

1. Starbucks, How many Starbucks stores are out there?: *https://www.loxcel.com/sbux-faq.html*
2. Favrify, 18 Exotic Starbucks Drinks That You Didn't Know Existed…: *https://www.favrify.com/starbucks-drinks/*
3. Starbucks, How many Starbucks stores are out there?: *https://www.loxcel.com/sbux-faq.html*
4. Cio, Starbucks' CTO brews personalized experiences: *https://www.cio.com/article/3050920/analytics/starbucks-cto-brews-personalized-experiences.html*
5. Zacks, Starbucks' Digital Flywheel Program Will Use Artificial Intelligence: *https://www.zacks.com/stock/news/270022/starbucks-digital-flywheel-program-will-use-artificial-intelligence*
6. The Star, Starbucks partners with Alibaba, as it tries to keep its coffee throne in China: *https://www.thestar.com/business/2018/08/02/starbucks-partners-with-alibaba-as-it-tries-to-keep-its-coffee-throne-in-china.html*
7. Pandaily, Ele.me Delivery Robot Completed Takeout Delivery for the First Time: *https://pandaily.com/ele-me-delivery-robot-completed-takeout-delivery-for-the-first-time/*
8. Cio, Starbucks' CTO brews personalized experiences: *https://www.cio.com/article/3050920/analytics/starbucks-cto-brews-personalized-experiences.html*
9. Starbucks, Starbucks debuts voice ordering: *https://news.starbucks.com/press-releases/starbucks-debuts-voice-ordering*
10. Zdnet, Starbucks to step up rollout of "digital flywheel" strategy: *https://www.zdnet.com/article/starbucks-to-step-up-rollout-of-digital-flywheel-strategy/*

18

スティッチフィックス

「最終決定権をもつ人間」の能力を強化する、インテリジェントなファッション・サービス

スティッチフィックスの創業は２０１１年。本部は米国カリフォルニア州にある。顧客が身につけたいアイテムを予測して自宅に届けるパーソナル・スタイリング・サービスを提供し、ファッション小売業界に革命を起こそうという野心的な企業だ。

サービスの提供のために、まずは顧客にそれぞれの好みのスタイルや予算などを記入してもらう。オプションで、専属スタイリストに顧客のソーシャルメディア・アカウントへのアクセスを許可することもできる。

スタイリストの仕事を補うのがデータサイエンティストとＡＩだ。顧客の好みを分析し、似たようなプロフィールをもつほかの顧客数千人と比較して、その顧客が着たいと思う服を予測して提供

するのだ。

◦ 返品率との終わらない戦いを続けるファッション業界

オンライン・ショッピングの勢いはとどまるところを知らない。英国では、（食品以外の）総小売支出額に占める割合が、2013年の11・6%から2017年には24・4%に上昇した。[1]

そんななか、ファッション小売業者は、「顧客からの返品率が比較的高い」という業界ならではの問題を抱えている。しかも、競争力を維持するには、配送と返品の送料をどちらも無料にするよりほかない。顧客が洋服を大量に注文し、家で吟味した結果、そのほとんどを返品するようなケースが増えれば、企業はたいへんな出費を負うことになる。

配送料がかかる以外にも、返品は在庫管理を難しくするおそれがある。顧客の需要を満たすために、小売業者はしばしば過剰な在庫を抱え込まざるを得なくなるのだ。さらに、ファッション業界では、数があまれば価格を大幅に値引きして売られるのがふつうだし、どうかすると非効率的な需要予測のせいでやむなく商品を破棄しなければならない羽目にもなる。[2]

これは壮大なムダであり、当然、利益だって損なわれてしまう。品質に対する顧客の期待を満たす服を提供しつつ、返品を最小限に抑える。それがすべてのオンライン・ファッション小売業者にとっての重要な課題なのだ。

○ 機械だけでは不可能、人間だけでも無理

スティッチフィックスは顧客の趣味やスタイルの好みのほかにも、ボディサイズをＡＩに把握させている。これらのデータとアルゴリズムはどれもみな、人間のスタイリストの仕事を補うためにある。小売業に加えてスティッチフィックスは洋服のデザインもしているが、ＡＩの解析によって抽出された流行に関する知見を参考に、新しいアイテムのコンセプトは決められているのだ。

チーフ・アルゴリズム・オフィサーのエリック・コルソンはこう語っている。

「顧客のニーズに合ったものを届けるのが私たちの仕事です。そのジャンルでいちばんになることを目指しています。機械だけでは目標の実現は不可能でしょう。そして人間だけでも無理なのです。ですから私たちは、機械と人間、両方の力を活かそうとしているのです」。

○ 収益を増やし、顧客満足度をあげ、コストを削減する

顧客に気に入ってもらい、購入につながる可能性の高いアイテムを提供するために、約85名のデータサイエンティストからなるチームが、スティッチフィックスのAIプラットフォームに取り組んでいる[3]。

顧客の希望や好みがわかれば、スティッチフィックスはデータに従って顧客が気に入りそうなアイテムを自動的に送ることができる。その結果、倉庫内のムダなスペース、発送コスト、返品にかかる経費、シーズン終了時の過剰な在庫を減らすことができる。

かつてネットフリックスでデータサイエンスおよびエンジニアリング担当バイスプレジデントを務めたコルソンは、そのノウハウをスティッチフィックスにもたらした。コルソンの機械学習技術によって、スティッチフィックスは、「特定の顧客に不向きだと思われるアイテム」を取り除くアルゴリズムの効率を大幅に向上させることができた。

新規登録する顧客は、アカウントを登録する際、身体のサイズ、体重、スタイルの好み（細身の

感じ、ゆったりめなど)、好きな色、予算のほか、「大胆なアイテムをどの程度選んでほしいですか?」といった突っ込んだ質問や、「いつも身につけているシャツやジーンズがきつすぎたりゆるすぎたりすることはありませんか?」といった具体的で細かい質問に答えるよう求められる。

顧客が許せば、アルゴリズムはソーシャルメディアをチェックして、彼らのスタイルや好みを把握し、それも考慮に入れる。また、返品の詳しい理由など、あらゆるフィードバックから集めたデータも活用する。

製品とクライアントのマッチング以外にも、スティッチフィックスが活用するAIには、クライアントにぴったり合ったパーソナル・スタイリストの割り当て、在庫についての意思決定、クライアントがソーシャルメディア(ピンタレスト)に投稿した画像の解析、顧客のサービス満足度の評価、などに特化したアルゴリズムがある。[4]

スティッチフィックスの話では、機械学習の導入によって、収益を増やして顧客満足度を向上できたと同時に、全体的なコストまで削減することができたという。[5]

ラーニングポイント

- AIの効果によって顧客理解が深まるほど、製品やサービスで彼らを失望させる可能性は低くなる。
- 過去に起きたどんな産業革命もそうだったように、AIは人間の就職にとって現実的な脅威である。人間の労働者をお払い箱にするのでなく、その能力を強化するようなインテリジェント・システムを設計することが、すべての業界において重要な課題だ。
- スティッチフィックスのアルゴリズムは、最終的な決定権をもつ人間のスタイリストやアナリストに役立つ情報を提供する。覚えておくといいかもしれない——第一次産業革命で最初に戦いをはじめたのは機織り職人たちだったことを！

1. Financial Times, Online retail sales continue to soar: *https://www.ft.com/content/a8f5c780-f46d-11e7-a4c9-bbdefa4f210b*
2. Fashion United, The fashion industry at a dead end: new products worth millions destroyed: *https://fashionunited.uk/news/business/the-fashion-industry-at-a-dead-end-new-products-worth-millions-destroyed/2018071930847*
3. ZD Net, How Stitch Fix uses machine learning to master the science of styling: *https://www.zdnet.com/article/how-stitch-fix-uses-machine-learning-to-master-the-science-of-styling/*
4. ComputerWorld, At Stitch Fix, data scientists and A.I. become personal stylists: *https://www.computerworld.com/article/3067264/artificial-intelligence/at-stitch-fix-data-scientists-and-ai-become-personal-stylists.html*
5. ZD Net, How Stitch Fix uses machine learning to master the science of styling: *https://www.zdnet.com/article/how-stitch-fix-uses-machine-learning-to-master-the-science-of-styling/*

19

ユニリーバ

膨大な求職志願者のなかから、最適な人材を確保する合理的なステップ

世界的な消費財メーカーのユニリーバは、190カ国で400種類を超えるブランド製品を販売している。世界の総従業員数は16万人以上[1]と、最大規模の企業のひとつだ。

どんな会社にとってもそうだが、社員はもっとも価値のあるリソースだ。有能な人材を確実に集めることは会社にとっての死活問題となる。毎年採用しなければならない数千ものポストに、もっともふさわしい人材を呼び込み、評価し、選ぶことを目指して、ユニリーバはAIを導入している。

◦世界各国の25万人から、800人を絞り込む

人材採用にはつねにリスクがつきものだ。求人広告を出し、志願者を絞り込み、新人研修を実施

するのはコストと時間のかかるプロセスなのだ。それでも、この一連の流れはきちんとやり遂げなければならない。見込みちがいの人を雇ってしまえば高くつくし、将来的に事業に悪い影響が及ぶおそれがあるからだ。

しかし、採用担当者がしかるべき候補者を探すのに与えられている時間は多くはなく、最終候補者を決めてしまったら、彼らがそのポストに適しているかどうかを吟味する機会は限られる。

ポストに適任の人材が見つかればそれ以上コストがかからないわけではない。米国人材マネジメント協会によれば、新規雇用者のトレーニングには平均で当該ポストの給与6～9カ月分に相当するコストがかかるという[3]。

ユニリーバの場合は、「フューチャー・リーダーズ・プログラム」と呼ばれる選考過程において、世界各国の応募者25万人のなかから、欠員のある800のポジションにふさわしい人を、4～6カ月間で絞り込まなければならない[2]。

◦オンライン・ゲーム、ビデオ・インタビューという選考ステップ

ユニリーバは、AIによる人材採用のスペシャリストとタッグを組んで、志願者とポストを効率

的にマッチングするためのグローバルな取り組みを展開している。
その実施プロセスは何段階かに分かれている。
最初のステップでは、世界中の志願者がオンライン履歴書、またはリンクトインのプロフィールを提出する。

次のステップで志願者は、12種類のオンライン・ゲームに参加するよう求められる。
パイメトリクス（訳注：採用に関連するＡＩプラットフォームを開発するスタートアップ）が開発したそれらのゲームは、応募しているポストに関連のあるさまざまな分野の適性をテストするためにつくられたものだ。[4]
ゲームの狙いは必ずしも「勝ち負け」を決めることではなく、むしろ志願者の特性を明らかにすることだ。理想とされるゲームの結果は、応募するポストによって異なってくる。

たとえば、リスク志向を評価するあるゲームでは、志願者はブラックジャックでいうところの「スティック」（訳注：カードの追加をストップし、手もちのカードで勝負すること。「スタンド」ともいう）と「ツイスト」（訳注：手元にあるカードにさらに1枚カードを追加すること）のルールに従って風船をふくらませる。このゲームでは、バーチャル風船にたくさん空気を入れるほどポイントが与えられるのだが、風船が破裂する直前にふくらませるのをやめなければならないのだ。

次のステップはビデオ・インタビューの提出だ。

ゲームと同じように、この場合もスマートフォンかウェブカメラ内蔵のPCさえあれば、志願者は都合のいい時間にビデオを撮ることができる。

AIアルゴリズムは、志願者の言葉や顔の表情、ボディ・ランゲージを分析して、特定のポストで結果を残せる可能性の高い人物かどうかを判断する。

そのあとは、3500名にまで絞られた候補者全員が評価センターに集められ、はじめてユニリーバの採用担当者と直接面談し、そのなかから800名が採用される。

新規雇用者は入社後、「Unabot」にアクセスできる。これは、自然言語によるチャット・インターフェースを介して質問に回答するAIチャットボットで、研修期間を短縮するためにつくられたものだ。

◦志願者の特性を、現在すでに実績のある社員と比較できる

直接顔を合わせる従来式の採用面接とくらべて、パイメトリクスのゲームでは、より数値やデータにもとづいた方法で彼らの強みと弱みを審査することが可能になった。

さらに、ビデオを解析して得られたデータポイントから、「目的意識」「レジリエンス」「ビジネスセンス」「システム思考」（訳注：解決すべき対象や問題を「システム」としてとらえ、多面的な見方で原因を探り、問題解決を目指す方法論。マネジメント手法のひとつ）といった特性を示し、指標となるように自動でラベルづけをする。

さらに、志願者のこうした特性を、募集中のポストで現在成果をあげている（能力が証明されている）ほかの社員のそれと比較することもできる。

Ｕｎａｂｏｔは、社内資料や会社のハンドブックに書かれたデータをもとに、自然な人間の言葉でたずねられた質問に対応する。たとえば従業員の役割、会社規則、年金などの福利厚生、はてはユニリーバへ通勤するシャトルバスの時刻表について回答を提示する。

○志願者がひとり残らずメリットを得られる選考システム

その結果、毎年180万人の応募者に対処しなければならないユニリーバのチーフHRオフィサー、リーナ・ネアーは、従業員選考プロセスによってインタビューに費やされるおよそ7万人時(1人が1時間働いた作業量を1とした単位)を節約できたと話す。

また、システムは志願者へのフィードバックを自動で生成するので、採用にいたらない人にとってもメリットがあるという。ネアーはさらに語る。

「このやり方がすばらしいのは、志願者がひとり残らず何らかのフィードバックを得られるところです」「大企業に履歴書を送ったところで、たいていは『ブラックホール』行きになるだけです。『弊社にご応募いただき誠にありがとうございます。追ってご連絡を差しあげます』といわれたきり、音沙汰がありません」「我社の場合、ゲームやビデオ・インタビューの成績、志願者のどんな特性がそのポストに合っているか、合っていない場合はその理由と、今後の求職活動をうまくやるためのアドバイスをすべての志願者に伝えます」。

さらにネアーはこういう。

「人工知能の力を借りて、私たちはいっそう人を大事にすることができています」。

Ｕｎａｂｏｔはユニリーバのグローバル業務全体で徐々に導入が進められていて、現時点で業務を行う１９０の国のうち36カ国で稼働している。ネアーによると、これまでにＵｎａｂｏｔを使った経験があるのは社員の36％で、そのうち8割が継続的に使用しているという。Ｕｎａｂｏｔが出す回答に対する満足度の評価をユーザに求めたところ、5点満点で３・９という結果となった。

ラーニングポイント

- 数十万人を評価できるＡＩがあれば、ひとつのポストの最適任者を志願者のなかから選ぶことができる。また、人間の採用担当者が大量の履歴書をふるいにかけるよりも、力を発揮してくれそうな人材を見落とす可能性が低い。
- 人間の力だけでそうした審査と分析をするのは時間的に無理があるが、ＡＩならば、志願者の数がどれだけ多かろうと、最終候補者を迅速に絞り込むことが可能だ。
- チャットボットは、社員および新規雇用者が一般的な質問の答えをすぐに知ることができるインターフェースだ。どんな回答がもっとも必要とされているかを把握するのにＡＩが用いられている。

1. Unilever, About Unilever: *https://www.unilever.com/about/who-we-are/about-Unilever/*
2. Hirevue, Unilever finds top talent faster with Hirevue assessments: *https://www.hirevue.com/customers/global-talent-acquisition-unilever-case-study*
3. Huffington Post, High Turnover Costs Way More Than You Think: *https://www.huffpost.com/entry/high-turnover-costs-way-more-than-you-think_b_9197238?guce_referrer&guccounter=1*
4. Business Insider, Consumer-goods giant Unilever has been hiring employees using brain games and artificial intelligence - and it's a huge success: *https://www.businessinsider.com.au/unilever-artificial-intelligence-hiring-process-2017-6*

20

ウォルマート

豊富な商品のリアルタイム管理が、巨大な小売業の生き残り戦略

世界中に1万1000以上の店舗を構えるウォルマートは、収益において世界最大の企業のひとつであるうえに[1]、約230万人の従業員を抱える最大の民間企業でもある。

オンラインとオフライン、両方の事業形態はウォルマートの戦略として密接に関連している——実店舗はEコマース事業用の倉庫としても利用されているし[2]、もともとEコマースのために考案されたAIとビッグデータ・プロジェクトは店舗でも展開されて機能しているのだ。

ロイヤルティ・プログラムによる先駆的な顧客データの収集から、最新の人工知能を備えた商品棚スキャン・ロボットにいたるまで、ウォルマートは数十年にわたってつねに最先端の技術を取り入れてきた。

◦ 広い売り場のどこに何があるのか、シンプルだが重大な問題

多くの店舗をもつウォルマート規模の企業にとって、在庫管理は難しい問題だ。価格や利便性しだいで浮きもすれば沈みもするような市場で、競争力を維持するには、地域性、天気のパターン、顧客のデモグラフィック情報、経済状況の何もかもが重要となる。これらの要素を考慮して、顧客の購買傾向を正確に予測しなければならない。

リアルタイムにきわめて近い検知が可能にならない限り、商品がどのように出荷されて、いつ販売されたかを正確にモニタリングするのは困難だ。

往々にして、さまざまな部門で使われている在庫管理システムがちがっているためますます対処がめんどうになることもある。情報がサイロ化された状況では、必要なときにすぐデータが手に入らないおそれがあるうえに、結局は手作業で収集、更新されるのでデータそのものに人的ミスが生じやすい。

スーパーの買い物客にとって、利便性が高い例といえば、特定の商品が置いてある棚の場所を教

えてくれる店内用アプリだ。このテクノロジーは開発からしばらくたつが、使ってみると一長一短であることがわかる。というのも、商品が棚に置かれてからセンサーで検知されるまでのあいだにはしばらくタイムラグがあるため――レジを通ってしまっているかもしれない――アプリにアップロードされたデータが古くなっている可能性があるのだ。

○ロボットはひどく退屈な作業をこなし、人間を助ける

ウォルマートでは、自律型の商品棚スキャン・ロボットを少数の店舗に試験的に導入し、リアルタイムで動画解析を実行した。

ロボットは、通路を見まわりながら商品棚の動画を撮ることだけに機能が限定されている。商品補充までのあいだ刻々と変動する店内の在庫レベルを記録しているので、データはほぼリアルタイムといっていい。

その結果、より的確な顧客行動モデルを確立し、時間帯ごとの売れ筋商品の予測精度が向上した。そうしたデータは当然、サプライチェーンや在庫システムにも送られているので、これからもっと正確な需要予測が可能になっていくだろう。

もちろん、前述の顧客向け店内用アプリには、ロボットのセンサーからリアルタイムのデータが送られるので、既存の在庫データベースをいちいち参照する場合と異なり、ユーザには商品の正しい場所を教えることができる。

さらに重要なのは、——自動化が人間の労働機会を奪いかねないことを考慮しなければならない時代にあって——ウォルマートのロボットは、人間に取って代わるためのものではないということだ。[3]むしろ、ひどく決まりきった、退屈な手作業によるタスクを助ける目的でつくられているのだ。ロボットの導入によって、店のスタッフは顧客対応にもっと時間をかけられるようになるだろう。

○データは視覚化されて、人間はすぐに理解し行動できる

ウォルマートのロボットを製造しているのは、米国カリフォルニア州に拠点を置くボサノバ・ロボティクスだ。[4]ロボットは高さ約2フィートで、棚の高い場所をスキャンできるよう、伸縮自在のカメラとセンサーを備えている。

先頃ボサノバは、コンピュータビジョン技術を得意とするホークスアイの買収によって、ウォル

マートが使用しているものを含め、同社製のロボットの機能が今後強化されると発表した。ホークスアイの技術で注目されるのは、カメラなどのデバイスで直接機械学習を実行できるので、データをクラウドに送信する必要がないことだ。[5] それにより処理速度がアップし、サーバー側のシステムが自動的に保存・処理してしまう価値のないデータの量が減るのだ。

ロボットは自動運転車と同様のシステムで稼働し、通り道にある（人などの）障害物をリアルタイムで認識し、衝突を避けることができる。そのためにカメラを利用して、周囲の状況をモニタリングしている。

2017年にウォルマートは、毎時2・5ペタバイトのデータ処理能力をもつ世界最大のプライベートクラウドの構築に取り組んでいると発表した。[6] クラウドで処理されるのは、Eコマースおよび店舗での取引データ、顧客関係管理の記録、顧客からのフィードバック、ソーシャルメディアから得られたデータ、サードパーティから購入したデータなどだ。店舗ロボットが収集するデータももちろんそこに送られて、世界中の店舗の在庫の意思決定に役立てられる。

クラウドの解析プラットフォームの基盤の大部分は、オープンソース技術なので、データサイエンス・チームは業界標準のソフトウェア・ソリューションを自由に選ぶことができる。自らコードをつくったり、サードパーティが所有する高額なクローズド・ソリューションを購入したりする必要はないのだ。

ウォルマートで在庫およびサプライチェーン・プロセスに使用されているツールには、「アパッチ・スパーク」「カサンドラ」「カフカ」などがある。[7]これらのデータツールは、非常に大きく変化の速いデータセットのリアルタイム解析を可能にする。データから引き出される知見はタブローで視覚化されるので、人間はそれをすぐに理解して、それをもとに行動を起こすことができる。

○何が入荷し、いつ売れるかわかるだけで、売り上げは伸びる

結果、商品棚スキャン・ロボットの最初のテストは成功し、米国の合計50の店舗で試験導入されることになった。

必要な商品が棚にあり、しかもすぐに見つけられる確率が高いので、顧客にとっての利便性はアップし、「ウォルマートにはほしいものが置いてある」という評価につながる。また、ウォルマートにとっては、ムダな経費と売れない商品を置く棚のスペースを減らせるというメリットがある。

ボサノバ・ロボティクス最高ビジネス責任者のマーティン・ヒッチは、『フォーブス』誌にこん

なふうに語った。

「どんな商品が入荷し、売れているかについては、すでにかなり高い精度でわかっています。いまでは、特定の時間帯に売れる商品を十分な数、まちがいのない棚にそろえておけば、売り上げが大きく伸びることまでわかるようになりました[8]」。

ラーニングポイント

- ウォルマートにとっての競合企業はアマゾンやアリババで、AIはいまや選択肢のひとつではない。生き残るためにどうしても欠かせないものだ。
- 大手小売業者は、コストを最小限に抑えつつ顧客利便性を最大限にしなければならない。AIによる取り組みが奏功すれば、両方を実現させることができる。
- ウォルマートくらいの規模の企業でも、「ほしいものが見つかる」というシンプルな利便性が積み重なれば大きな利益になる。

1. Walmart, Walmart 2018 Annual Report: *http://s2.q4cdn.com/056532643/files/doc_financials/2018/annual/WMT-2018_Annual-Report.pdf*
2. Fortune, Five Moves Walmart is Making to Compete with Amazon and Target: *http://fortune.com/2017/09/27/5-moves-walmart-is-making-to-compete-with-amazon-and-target/*
3. Business Insider, Walmart reveals why it has robots roaming the aisles in 50 of its stores: *https://www.businessinsider.com/walmart-robots-in-50-stores-2018-3*
4. The Verge, Walmart is using shelf-scanning robots to audit its stores: *https://www.theverge.com/2017/10/27/16556864/walmart-introduces-shelf-scanning-robots*
5. Venturebeat, Bossa Nova Robotics acquires Hawxeye to improve inventory object detection: *https://venturebeat.com/2018/07/18/bossa-nova-robotics-acquires-hawxeye-to-improve-inventory-object-detection/*
6. Forbes, Really Big Data At Walmart: Real-Time Insights From Their 40+ Petabyte Data Cloud: *https://www.forbes.com/sites/bernardmarr/2017/01/23/really-big-data-at-walmart-real-time-insights-from-their-40-petabyte-data-cloud/#2a7bee6b6c10*
7. WalmartLabs, How we build a robust analytics platform using Spark, Kafka and Cassandra: *https://medium.com/walmartlabs/how-we-build-a-robust-analytics-platform-using-spark-kafka-and-cassandra-lambda-architecture-70c2d1bc8981*
8. Forbes, This Shelf-Scanning Robot Could Be Coming To A Store Near You: *https://www.forbes.com/sites/jenniferjohnson/2018/06/29/this-shelf-scanning-robot-could-be-coming-to-a-store-near-you/#b0a32c73fb1c*

Part

3

Media, Entertainment and Telecom Companies

メディア、エンターテイメント、電気通信会社

映画や音楽といった娯楽は、昔は、ユーザがそれぞれの趣味嗜好をもとにアンテナを張りめぐらせて探しださなければならなかった。いまでは、そういった作業はすべてAIが「任せてください」といってくれる。私たちはただ楽しめばよくなったのだ。いっぽう、私たち個人個人がメディア的な存在となるSNSの場では、人間の悪い側面がクローズアップされる時代となった。それを解決するのもまたAIなのだ。

ザ・ウォルト・ディズニー・カンパニー／インスタグラム／リンクトイン／ネットフリックス／通信協会（PA）／スポティファイ／テレフォニカ／ツイッター／ベライゾン／バイアコム

21

ザ・ウォルト・ディズニー・カンパニー

来場者のよりよい思い出のために、テクノロジーの力で魔法をかける

「地球上でもっともマジカルな場所」――これがディズニーのマジックキングダム・パークのキャッチフレーズだ。1955年に米国カリフォルニア州に最初のテーマパークがオープンして以来、ここでは魔法が生みだされ続けている。

マジカルな経験を期待してパークを訪れる人の数は、平均で1日5万6000人を超える。そのひとりひとりに、すてきな思い出だけを胸に家路についてもらうのが、企画担当者とエンターテイナー（「キャスト」と呼ばれる）に課されたタスクだ。

行列や混雑、アトラクションのオーバーブッキングが起きるようでは、とうていマジカルとはいえない。そこで、テーマパークからいっさいの「摩擦」を排除するために、ザ・ウォルト・ディズ

ニー・カンパニーは、最先端のデータ解析とスマートテクノロジーを採用している。

○来場者のストレスをなくす魔法のリストバンド

どのパークにも、数百あるアトラクションをできるだけ多くまわりたいというゲストが1日に数万人もやってくるのだから、人の流れを調整するのはきわめて難しい。

ボトルネックを引き起こすのが、主役級のアトラクション、たとえば大注目の最新ライドや人気の定番ライドだ。混雑によって来場者は立ちっぱなしでイライラするし、行列に並んでいるあいだはアイスクリームもおみやげも購入してくれないので、ウォルト・ディズニーにとっても困りものなのだ。

そこで、ディズニーは2013年に「マジックバンド」を導入した。

来場者に発行されるこのリストバンドを利用すれば、ライドやアトラクションの予約のほか、ホテルの部屋へのアクセス、パーク内のレストランの注文やギフトショップの支払いをすることができる。

マジックバンドには、その日来場者がどこで何をしているか、詳しい情報をディズニーに送信する機能もある。そうした情報は、たとえばレストランに着くとスタッフが名前を呼んで迎えてくれるなど、来場者にパーソナルな経験を提供するために利用される。来場者全体の動きに関する詳細な情報は、パークの企画担当者にも送られている。

企画担当者はそれをもとに、客足がふるわないスポットに人を集めて、その日ボトルネックを起こしている人気のアトラクションや話題のスポット周辺の混雑を緩和することができる。

データはリアルタイムで解析されているので、対応もリアルタイムに行うことができる。たとえば、予定にないキャラクター・パレードを急きょ催して、混雑の激しいエリアから空いているエリアに人を誘導する、といったぐあいだ。[1]

◎ディズニー・リサーチの魔法使いたち

このシステムでは、まずユーザが「マイディズニー・エクスペリエンス」アプリを使って、どのアトラクションに行こうか、何を食べようか、どのキャラクターに会いたいかを決める。するとその情報をもとに、人混みや行列をなるべく避けつつすべての希望をかなえるスケジュールが自動作成され、ユーザに提示される。

ホテルの宿泊客はチェックインの必要さえない。マジックバンドがゲストの到着をスタッフに自動で知らせるので、まっすぐ部屋に向かい、バンドをかざせばドアを開けることができる。

さらに注目に値するのは、ウォルト・ディズニー・カンパニーが、ディズニー・リサーチ（訳注：ザ・ウォルト・ディズニー・カンパニーの研究機関）を設置してＡＩと機械学習の研究を積極的に進めている点だ。[2]

ディズニー・リサーチは大学数校と提携し、ＡＩ、ビジュアル・コンピューティング、ロボット工学に関する取り組みを実施している。こうした共同研究によって、最先端のソリューションを開発し、ディズニー帝国全体でそれを活用できるチャンスが生まれる。研究室で誕生したイノベーションは、ディズニーのテーマパーク、映画、ビデオゲーム、テレビ番組に応用されている。

近年の大躍進のひとつが、ピクサーのＣＧ映画における、グラフィック制作のスピードアップを図るシステムの開発だ。このシステムは、深層学習の「畳み込みニューラルネットワーク」を利用して、３Ｄグラフィックのレンダリングの際に発生する「ノイズ」を取り除く。つまり、フレーム

1枚1枚を低忠実度でつくっても、質の高い映像に仕上げることができるというわけだ。[3]

また、体感型シアター（訳注：映画のシーンとリアルタイムに連動して前後左右や上下に動くモーションシートのほか、水や風、香り、フラッシュなどの特殊効果で臨場感を演出し、映画の世界を五感で味わえる映画館のこと）で観客の反応をリアルタイムに測定するツールの開発も進められている。[4]

そこで活躍するのが、暗い映画館であっても数百人の観客を観察して、顔の表情を分析し、うれしい、悲しい、つまらないといった感情を判断するよう訓練された深層学習アルゴリズムだ。これを活用し、ディズニーは観客のエンゲージメントをリアルタイムで把握する。これによって、人々が何を楽しいと感じるかを見きわめて、その反応に合わせて提供するものを柔軟に調整するレスポンシブ・エクスペリエンスの実現に一歩近づくことだろう。

。テクノロジーに不慣れなスタッフさえ魔法にかける

まるで腕のいいマジシャンのように、ディズニーは生みだされる魔法を陰で支えるテクノロジーを隠したがることで有名だ。

それでも、ディズニーのマジックバンドがＲＦＩＤ技術を使用して、パーク内に張りめぐらされ

た数千ものセンサーと通信しているのは明らかだ。また、バンドには、携帯電話に使われているのと同じ長距離通信用の無線装置が組み込まれている。[5]

マジックバンドの導入には約10億ドルのコストがかかっている。来場者とのインタラクション（やりとり）が発生するパーク内のあらゆるポイント——入出場ゲート、ホテルの部屋のドア、ライド、購入端末など——を、ディズニーのデータ・キャプチャ・システムに組み込む必要があったのだから当然だろう。[6]

このコストを惜しまなかったことで、ライドやショーにチェックインする、レストランに入る、フードを注文する、ギフトショップで買い物をするなど、来場者がリストバンドを使うたびにデータポイントの生成が可能になった。

設計にあたって、開発チームは、テーマパークの使われなくなった防音施設を利用して、システムの大規模な「デモ」を行う必要があった。施設内の各部屋には、たとえば顧客がオンライン予約をする自宅のリビングや、食事をするレストラン、ホーンテッド・マンションの小型レプリカなど、カスタマー・ジャーニー（訳注：商品やサービスを知り、最終的に購買にいたるまでの、顧客の「行動」「思考」「感情」などの変化を示すプロセス）のひとつひとつの段階を再現するような内装が施された。[7]

デモの実施は、「テクノロジーの進化によって仕事のやり方が根底から変わる」という事実に不慣れだったテーマパークのスタッフや管理者に、コンセプトを理解してもらううえで不可欠だった。アクセンチュア、ＨＰ、シナプス（訳注：シアトルに本部を置く製品開発コンサルティング会社）などの外部パートナーと手を結び、ディズニーはこの「マイマジック・プラス・プログラム」に取り組んだのだ。

「摩擦」をなくすことができれば、マジックキングダムの来場者はもっと盛りだくさんの１日を楽しんで、すばらしい思い出（それと、もっとたくさんのおみやげ）をもって家に帰ることができる。待ち時間が短いほど顧客はよろこび、楽しかった記憶はリピーターになる可能性を高めてくれる。ディズニーによれば、マイマジック・プラスとマジックバンドの普及率は高く、来場者の８割がこれを使ってライドの予約をしているという。[8]

ラーニングポイント

- ディズニーはテーマパークというツールを使って、キャラクターや映画を人々の生活に根づかせている。直営、フランチャイズを問わず、ディズニーブランドを人々に身近に感じてもらい、映画の観客動員数やタイアップ商品の売り上げの増加につなげたいと考えている。

そのためには、来場者に質の高いエクスペリエンスを提供しなければならない。最先端のインテリジェント解析なら、相当な数の人々の流れを、きわめて容易に管理できるようになる。

ディズニーが抱えるたくさんの部門のなかでも、パーク部門は「新しいテクノロジーの導入にともなうリスクを嫌う」ことで知られていた。[9]マイマジック・プラスのシステムを担当したチームは、その問題を克服しなければならなかった。

1. Fast Company, The Messy Business Of Reinventing Happiness: *https://www.fastcompany.com/3044283/the-messy-business-of-reinventing-happiness#chapter-Discovery_Island*
2. Disney Research: *https://www.disneyresearch.com/*
3. Disney Research: *https://www.disneyresearch.com/innovations/denoising/*
4. CNBC, Watching you, watching it: Disney turns to AI to track filmgoers' true feelings about its films: *https://www.cbc.ca/news/technology/disney-ai-real-time-tracking-fvae-1.4233063*
5. Wired, Disney's $1 Billion Bet on a Magic Wristband: *https://www.wired.com/2015/03/disney-magicband/*
6. USA Today, Disney parks tech upgrades make visiting more convenient: *https://eu.usatoday.com/story/travel/experience/america/theme-parks/2018/02/27/disney-parks-magicbands-fastpasses-app/374588002/*
7. Fast Company, The Messy Business Of Reinventing Happiness: *https://www.fastcompany.com/3044283/the-messy-business-of-reinventing-happiness*
8. USA Today, Disney parks tech upgrades make visiting more convenient: *https://eu.usatoday.com/story/travel/experience/america/theme-parks/2018/02/27/disney-parks-magicbands-fastpasses-app/374588002/*
9. Fast Company, The Messy Business Of Reinventing Happiness: *https://www.fastcompany.com/3044283/the-messy-business-of-reinventing-happiness#chapter-Discovery_Island*

22

インスタグラム

ネットいじめをリアルタイムで監視し、ソーシャルネットワークを快適な場にする

2010年に誕生したばかりのインスタグラムだが、いまや「インスタなしの生活など考えられない世代」がすでに現れている。

フェイスブックの子会社のインスタグラムは、画像・動画共有に特化したソーシャルネットワーク・サービスだ。2018年6月時点で、10億人のアクティブ・ユーザ[1]が毎日9500万枚の写真を投稿している[2]。

残念なことに、オンラインではいじめやハラスメントや虐待がひんぱんに起きている。そこで、不快な行為が誰かの生活に悪影響を及ぼすのを食い止めるため、インスタグラムはAIを導入してプラットフォームの監視にのりだした。

○サイバーいじめ対策は、不十分なうえに一貫性がない

太陽が降りそそぐ休日のセルフィーや美しい景色の写真があふれるいっぽう、ソーシャルネットワークにおける画像共有にはダークな側面がある。

英国の慈善団体ディッチ・ザ・レーベルが実施したいじめに関する年次調査の結果、若者の42%がインスタグラムでサイバーいじめを受けた経験をもつことが明らかになった。[3]ソーシャルプラットフォームのなかではもっとも高い数字だ。

また、2018年2月発表の報告書『サイバーいじめが青少年の精神的な健康に及ぼす影響』(Cyberbullying's Impact on Young People's Mental Health)のなかで、チルドレンズ・ソサエティは「ソーシャルメディア会社のサイバーいじめ対策は、不十分なうえに一貫性がない」と指摘している。[4]

実生活でのいじめと同じで、サイバーいじめは被害者の人生に長きにわたって深刻な影響を与え、極端なケースでは心の病や自殺につながるおそれがある。

ソーシャルメディア各社は、言論の自由と、ユーザ・コンテンツの監視のバランスをうまくとりながら、ユーザをいじめやハラスメントから守る責任をはたさなければならない。

◦ 友人同士がふざけあった悪口と、ハラスメントを区別する

インスタグラムは、人工知能アルゴリズムを活用し、アップロードされるコメントを全部審査するコメント・フィルタリング機能を導入した。[5] フィルターはどのアカウントにもデフォルトで適用されているが、検閲されるのがどうしても嫌な場合は設定を解除することができる。

テキストのほかに動画のなかの発言もフィルターによって解析され、誹謗中傷と判断されたコメント——人の外見や民族や性別に対する侮辱など——は自動的に排除される。

特定のアカウントがひんぱんにフィルターにはじかれることがわかると、人間のスタッフがレビューを行い、アカウント・ユーザがサービス利用規約に違反していないか判断する。違反が認められたユーザはプラットフォームの利用を禁じられるおそれがある。

インスタグラムのいじめ対策フィルターは、フェイスブックが開発した「ディープ・テキスト」と呼ばれる自然言語処理技術を利用している。ユーザのコメントに含まれるテキストを詳細に調べ、過去にいじめと判定された投稿に合致するパターンを検出するのが、その大まかな仕組みだ。

具体的に説明すると、ディープ・テキストはニューラルネットワークの深層学習によって、投稿

に使用されたテキストに加え、テキスト別に設定された文脈を分類する。深層学習のシステムの正確性は訓練するほど向上するので、たとえば友人同士がふざけて交わす悪口と、サイバーハラスメント行動を明らかに示す言葉を徐々に区別できるようになっていく。[6]

そのほかの自然言語ベースの深層学習システムと同じで、ディープ・テキストは言葉による人間のコミュニケーション方法を学習していく。臨機応変に対応できるようになり、スラング、発話パターン、地域による言語のバリエーションや言いまわしを次第に正しく理解できるようになるのだ。フェイスブックによると、ディープ・テキストが革新的なのは、解析を実行しながらそれぞれの言葉に新しい意味を割り当てる技術だという。

つまり、各語に識別タグを割り当て、それを使って文書内の言葉の使用頻度や文脈を追跡するだけでなく、前後の言葉との関係を考慮に入れて言葉の意味を判断しているのである。

重要なのは、ディープ・テキストの処理速度はきわめて速く、システムがリアルタイムで効率よく機能できる点だ。具体例な数字をあげると、毎秒およそ1000枚の投稿を解析、理解、判断することができるのだ。

残念ながら、インスタグラムのいじめ対策の取り組みははじまったばかりなので、結果はまだ公表されていない。

何より望まれるのは、不快な、心を乱す、人を傷つけるコメントを非表示にすることで、このプラットフォームがユーザにとって、よりポジティブで多様性を尊重する場になることだろう。

ラーニングポイント

- いじめの問題は社会につねに存在する。しかし、顔が見えない相手から公の場で攻撃されるという点で、ソーシャルメディアは問題をより悪化させるおそれがある。
- AIの力を借りなければ、インスタグラムの投稿をくまなくリアルタイムで審査するのは無理だ。すべてのソーシャルメディアは、ディープ・テキストのようなシステムを最初から備えておくべきなのだが。「ここは快適な場」だとわかれば、ユーザは居ついてくれるのだ。
- また、AIのおかげで、言論の自由や、反論したりべつの意見を述べたりする権利を不用意に侵害するリスクも減る。テキスト解析の技術は、いまや正しい判断を下せるまでに進化しているのだ。

1. Statista, Number of monthly active Instagram users from January 2013 to June 2018 (in millions): *https://www.statista.com/statistics/253577/number-of-monthly-active-instagram-users/*
2. Sprout Social, 17 Instagram stats marketers need to know for 2019: *https://sproutsocial.com/insights/instagram-stats/*
3. Ditch The Label, Anti-Bullying Survey 2017: *https://www.ditchthelabel.org/wp-content/uploads/2017/07/The-Annual-Bullying-Survey-2017-1.pdf*
4. The Children's Society, Cyberbullying's Impact on Young People's Mental Health: *https://www.childrenssociety.org.uk/sites/default/files/social-media-cyberbullying-inquiry-summary-report.pdf*
5. Instagram, Protecting Our Community from Bullying Comments: *https://instagram-press.com/blog/2018/05/01/protecting-our-community-from-bullying-comments-2/*
6. Facebook, Introducing DeepText: Facebook's text understanding engine: *https://code.fb.com/core-data/introducing-deeptext-facebook-s-text-understanding-engine/*

23

リンクトイン

スキル・クライシスを解決し、求職者と企業を正しくマッチングする

リンクトインはビジネス・キャリアのためのソーシャルネットワークを確立した。フェイスブックが友人や家族との交流を維持するのに役立つように、リンクトインは職業生活におけるつながりづくりに貢献している。

フェイスブックはおもにユーザデータを企業に売って利益をあげている。企業はそのデータを広告のターゲティングに利用するのだ。それに対してリンクトインは、めぼしい人材を探す雇用主から収益を得ている。

フェイスブックはどんな映画や音楽に「いいね！」をするかでユーザを分類する。一方、リンクトインが注目するのはユーザがもつ仕事のスキルと経験だ。ＡＩをプラットフォーム上の機能のひ

とつひとつに組み込み、これを活用してユーザと仕事をマッチングする、あるいはユーザの存在を雇用主の目に留まるようにしている。

◦さまざまな業界で、人材が見つからない!

求職志願者と仕事のマッチングは、企業にとってはやっかいなうえにコストのかかるタスクだ。グラスドア（訳注：求人情報の口コミサイトを運営する米国企業）によれば、米国企業の従業員ひとり当たりの採用コストは平均4000ドルである。[1]

英国求人雇用連盟（UK Recruitment and Employment Confederation）が2017年に実施した調査では、「企業は5分の2の確率で役割に最適な人材の採用に失敗している」ことが明らかになった。[2] また、中間管理職の採用がうまくいかないと、企業には平均13万2000ポンドのコストがかかるという。

こうした非効率が生じる理由のひとつが、採用担当者が集められる情報があまりにも少ないということだ。ほとんどの場合、求職者の履歴書と、面接の成績と、リファレンス（訳注：企業が採用決定するのに、候補者の経歴や実績などを第三者からの推薦で確認する手段のこと）だけで何とかするよりほかない。

また、おいそれと適任者が見つからない職業もある。その一例が教職だ。「スキルのある人材がいない」「地域に有望な候補者がいない」といった理由で、米国では2016年度、10万以上のクラスで正式な資格をもたない教員が授業を教えるようになった。[3]

恒常的に人材不足だという職業もある。米国看護大学協会（American Association of Colleges of Nursing）は、高齢化社会に対処するには、2024年までに100万人を超える看護師を採用する必要があると指摘する。[4]

なかでもスキル・クライシスに直面しているのがテクノロジー業界だ。「失業者を大量に増やす」ともいわれるAI革命だが、じつのところ、テクノロジー分野ではそれとは正反対のことが起きている。

業界が駆け足でAIの導入を推し進めているせいもあって、候補者探しは難しくなるいっぽうで、IBMの報告書によると、2020年にはデータサイエンスの分野で270万の人手が不足すると予測されている。[5]

これらの欠員を埋める人材を効率よく見つけられなければ、壊滅的なダメージが各業界を超えて、経済全体に波及していきかねない。

採用担当者が気にもかけなかった求職者の魅力を見つけだす

リンクトインは数百万人のデータを収集し、ＡＩ検索ツールを利用して求職者と企業のマッチングを行う。また、知り合いや、つながりがもてそうな人を紹介して、ユーザに各自のネットワークを構築するよう促す。そうしたネットワークを見つけるのにも、もちろんＡＩ解析が使われている。そのほか、ＡＩを活用し、ユーザに役立ちそうなオンライン学習コースの提案もしている。

リンクトインはユーザが提供する情報に加え、たとえば「どんな仕事を検索しているか」などについて詳細を吟味し、プロフィールを作成する。[6]

企業が求人を掲載すると、リンクトインのアルゴリズムは「類似のポストに応募して成功した人」のプロフィールに近い候補者と企業をマッチングする。

システムは機械学習を利用しているので、過去のマッチングのフィードバックをもとに、アルゴリズムの精度を継続的に上げていく。

要するに、ポストにぴったりの候補者を予測するのがだんだんとうまくなっていくというわけだ。場合によっては、山のような履歴書をふるいにかける人間の採用担当者が、気にもかけないようなポイントを、選考の基準にすることもあるのだ。

いずれにせよ、機械学習はこれからも、さまざまな求人に対する「合格者のタイプ」のパターンを見つけ、予測の信頼度を徐々に高めていくことができるだろう。

リンクトインの話では、ツールや検索エンジンのＡＩアルゴリズムを改良することで、1年のあいだに、ユーザのメッセージへの企業からの返信率は45％アップし、採用担当者と候補者のやりとりの数は倍増したという。[7]

ＡＩはそれが導入されるあらゆる事業領域でプラスに働く――その確信のもと、リンクトインは同社のソフトウェア・エンジニア全員を、ＡＩ、とりわけ深層学習を使えるようトレーニングする予定であると発表した。[8]

ラーニングポイント

- どんなソーシャルネットワークも同様だが、リンクトインの収益源はユーザが提供するデータと、サービス利用時のユーザの行動から抽出される知見だ。

- 機械学習アルゴリズムを使えば、求職者と求人を正しくマッチングすることができる。どんなマッチングにもいえることだが、それを実現させるには、何よりも正しいデータが必要である。
- AIによる雇用のマッチングは、雇用主が気づきもしなかった、求職者の経験・スキルを発見してくれる。AIは先入観なく、候補者たちにチャンスを与える。

1. Glassdoor, How To Calculate Cost-Per-Hire: *https://www.glassdoor.com/employers/blog/calculate-cost-per-hire/*
2. The Recruitment and Employment Confederation, Hiring mistakes are costing UK businesses billions each year - REC: *https://www.rec.uk.com/news-and-policy/press-releases/hiring-mistakes-are-costing-uk-businesses-billions-each-year-rec*
3. The Week, America's Teaching Shortage: *http://theweek.com/articles/797112/americas-teacher-shortage*
4. American Association of Colleges of Nursing, Nursing Shortage Fact Sheet: *https://www.aacnnursing.org/News-Information/Fact-Sheets/Nursing-Shortage*
5. IBM, The Quant Crunch: *https://www-01.ibm.com/common/ssi/cgi-bin/ssialias?htmlfid=IML14576USEN&*
6. LinkedIn, How LinkedIn Uses Automation and AI to Power Recruiting Tools: *https://business.linkedin.com/talent-solutions/blog/product-updates/2017/how-linkedin-uses-automation-and-ai-to-power-recruiting-tools*
7. LinkedIn, How LinkedIn Uses Automation and AI to Power Recruiting Tools: *https://business.linkedin.com/talent-solutions/blog/product-updates/2017/how-linkedin-uses-automation-and-ai-to-power-recruiting-tools*
8. VentureBeat, LinkedIn plans to teach all its engineers the basics of using AI: *https://venturebeat.com/2017/10/24/linkedin-plans-to-teach-all-its-engineers-the-basics-of-using-ai/*

24

ネットフリックス

「見たいものが何もない」を、「いつでも見たいものがある」に転換する

郵送によるDVDレンタル会社としてスタートしたネットフリックスだが、いまや世界各国に1億3000万の契約者をもつ、サブスクリプション方式の「ストリーミング・ビデオ・オン・デマンド・サービス」を提供する企業となった[1]。（いまのところ）ネットフリックスはプラットフォームに広告を表示せず、顧客が払う利用料を収益源としている。その持続性を支えるのは、「毎月の料金に見あう価値が得られている」という顧客の満足感だ。

顧客の満足感を確保するために、ネットフリックスのテレビ番組や映画は「ビンジ・ウォッチング」（訳注：テレビドラマなど、複数回のシリーズとして配信されるコンテンツを、数話分あるいは最後まで連続

してまとめて見ること。「一気見」ともいう）を想定してつくられている。顧客を長時間テレビの前に釘づけにするほうが顧客は「利用料のもとがとれた」と感じやすい、というのが彼らの持論だ。

○見れば見るほど、ネットフリックスと顧客の相性がよくなる

現代は、人々は「娯楽が少ない」といって困ることはないだろう。映画配信サービス、インターネット、ビデオゲーム、従来型のテレビ放送などなど、休みの日はソファーに座ったままで、こちらの関心を奪いあうかのごとくごまんとあるサービスを楽しむことができる。

昔むかし――テレビ番組やラジオ番組のスケジュール編成は繊細さが求められる技術だった。各局は、熱心な視聴者を獲得するために、私たちの生活スタイルにぴったり合うように、どの番組を何時に放送するかを慎重に選んでいた。

たとえば、ニュース番組は仕事から帰宅する夕方の時間に合わせて、その後のリラックスタイムには軽い娯楽番組、就寝前の遅い時間には映画を放送する、といった具合だ。

しかし、オン・デマンド方式では、そうしたことはもう必要ない。顧客は大量のコンテンツから、見たいものを見たいときに見られるからだ。

ところが、その利便性がある問題を生じさせた。もし彼らが番組選びに失敗し、気をとりなおして選んでもまた失敗し、という不運が続いて「払った料金に見あうだけの楽しみが手に入らない！山ほど番組があるというのに」と感じるようになったら、どうすればいいだろう。

ネットフリックスはＡＩを利用して、１万を超える映画とテレビ番組のラインナップのうちから、顧客が次に何を見たいと思うかを予測している。予測結果は、映画や番組の終了直後に表示される「おすすめ情報」として現れる。また、テレビやノートパソコンやタブレットでネットフリックスを立ち上げると表示される、サービス・メニューに含まれるコンテンツの形で顧客に伝えられる。

ストリーミング・ビデオ・オン・デマンド・サービス開始当初、ネットフリックスは、インターネット・ムービー・データベース（ＩＭＤＢ）の評価のほか、ユーザが加入時に選ぶ好きな作品を参考に、各ユーザの興味に合わせたパーソナルな番組表をつくっていた。[2]サービスが継続するにしたがって、ネットフリックスは視聴習慣に関する膨大なデータを積み重ね、２０１８年１月７日には、会員による１日の動画視聴時間の合計が３億５０００万時間となり、新記録を達成した。[3]

要するにネットフリックスは、あなた（と、あなたと同じような視聴習慣をもつ人たち）が、どんな映画や番組を好むかについて、とんでもなく詳しくなったというわけだ。

。「アクション」と「心理劇」が好きなら、これはどうでしょう？

パーソナルな番組表を作成するアルゴリズムに投入されるデータで、もっとも重要なのは、それぞれの顧客の過去の視聴習慣だ。

収集された視聴に関するデータの処理を行うために、ネットフリックスは独自の深層学習ライブラリ「ベクトルフロー」（Vectorflow）を開発し、のちにオープンソース化した。[4]

ベクトルフローは基本的にはレコメンド・エンジン――アマゾンのおすすめ商品やフェイスブックの「知り合いかも」通知機能などに利用されているＡＩ技術の代表的な適用例――である。

ネットフリックスは映画や番組などのコンテンツを分類し、個々の要素に応じてそれらに「アクション」「心理サスペンス」「女性が主人公」などのタグをつける。その数は数万種類で、すべての作品に割り当てることができる。

次に、それらのタグがつけられたコンテンツが、顧客の好みにどの程度合うかを測定する。特定のタグが特定のプロフィール（視聴履歴）をもつ視聴者の好みに合致することがわかると、同じプロフィールをもつほかの顧客にもそのコンテンツを推薦する。

○途中で止まったりしない、最適な圧縮

また、深層学習は、ストリーミング品質を最適化してユーザが最高品質の映像を受信できるようにするなど、サービスに組み込まれたほかのいくつかの機能にも活用されている。

ストリーミングや画像の質を最適化するのに、ネットフリックスはすべてのフレームをリアルタイムで解析するアルゴリズムを利用し、「人間の目で見てわかる画質に影響するデータ」はすべて保持しつつ、できるだけ小さいサイズに画像を圧縮するにはどうすればいいかを考えている。[5]

各フレームの要素、たとえば明度や複雑さ（画像の各部分がほかとどう異なっているか）や、次のフレームで動いている画像の割合などが、アルゴリズムによってもれなく考慮される。

ＡＩ圧縮アルゴリズムが、放送するファイルのサイズを最小にしてストリーミング品質を向上させたおかげで、『ジェシカ・ジョーンズ』（訳注：ネットフリックス制作のテレビドラマシリーズ）のある

エピソードでは、必要な帯域幅をそれまでの毎秒750メガバイトから750キロバイトまで削減させた。[6]

ユーザ自身やユーザと類似するプロフィールをもつほかの人たちの好みをふまえて、ぴったりのコンテンツをおすすめすることができるようになった結果、顧客の満足度は向上し、長期間契約の更新につなげることができた。

さらに、既存のコンテンツを提供するだけではなく、視聴者の好みにいっそう近い映画やテレビ番組の新作を制作することもできるようになった。

ラーニングポイント

- 郵送DVDレンタルからサブスクリプション方式にサービス・モデルを移行したことがネットフリックスを成功に導いた。これによって、「顧客が何を見るか」のみならず、「いつ、どのように視聴するか」について、収集できるデータの量は大幅に増加した。顧客の「映画を見ている行為」には変わりはないというのに。
- 顧客の好みにより合ったおすすめ作品を提案すれば、おもしろい映画や番組がないことを理由に契約を解除する顧客は減る。

。高解像度の動画ストリーミングは相当な帯域幅を消費するが、そのリソースには限りがあるうえに高コストである。ＡＩは、重要なデータのみを送信する方法を学習し、コストを削減させる。

1. Netflix, Shareholder's letter, 16 July 16 2018: *https://s22.q4cdn.com/959853165/files/doc_financials/quarterly_reports/2018/q2/FINAL-Q2-18-Shareholder-Letter.pdf*
2. It's Foss, Netflix Open Source AI: *https://itsfoss.com/netflix-open-source-ai/*
3. Variety, Netflix Subscribers Streamed Record-Breaking 350 Million Hours of Video on Jan. 7: *https://variety.com/2018/digital/news/netflix-350-million-hours-1202721679*
4. Netflix, Introducing Vectorflow: *https://medium.com/@NetflixTechBlog/introducing-vectorflow-fe10d7f126b8*
5. The Motley Fool, Netflix Streaming gets an AI Upgrade: *https://www.fool.com/investing/2018/03/15/netflix-streaming-gets-an-ai-upgrade.aspx*
6. The Motley Fool, Netflix Streaming gets an AI Upgrade: *https://www.fool.com/investing/2018/03/15/netflix-streaming-gets-an-ai-upgrade.aspx*

25

通信協会（PA）

人間のジャーナリストに代わって、フェイクニュースに警鐘を鳴らす

「通信協会」（Press Association・PA）は英国に本拠を置く通信社で、ニュース記事や動画、写真、広告、テレビ番組表、スポーツ・ニュースを、全国紙や雑誌はもちろん、全国の地元紙、さらにはテレビ局に提供している。

2017年にPAは、「AIジャーナリスト」によるニュース記事の作成と地方紙への提供を目指し、アーブス・メディアとの提携を発表した。

インターネットの登場以降、地域の情報を得るのにソーシャルメディアやウェブサイトを利用する人の数は増えるばかりだ。そのいっぽうで、英国では地方の報道業界が衰退の一途をたどっている。新聞社は閉鎖され、ジャーナリストは職にあぶれている。[1]

そしてそれは、「民主主義の危機」と評される状況を生み出した。じつはこれまで地元紙は、地域の政治問題や、医療、刑事、司法に関連することがらなどに対する、一般市民の「目となり耳となって」きたのだ。

新聞記者がスクープを報道してくれなければ、市民は地方政府の責任を問うたり、必要な情報を要求したりすることができない。

○AIが情報を「読み」、解析し、ふつうの言語で記事を「書く」

PAは、データジャーナリズムに特化したアーブス・メディアと提携し、データをもとにローカルニュース記事を大量に作成する能力をもつAIシステムを構築した。

このシステムでは、報道すべきニュースを見つける「人間のジャーナリスト」の仕事はまだ続いているが、記事を書き、それを全国各地の新聞やウェブサイトに合わせてローカライズするのは「AIジャーナリスト」の仕事だ。[2]

「レポーターズ・アンド・データ・アンド・ロボッツ」(Reporters and Data and Robots・RADAR)と呼ばれるこのサービスは、最新技術の活用によって、ジャーナリズムがデジタル時代を生き残るために力を貸してくれる。
RADARはグーグルのデジタル・ニュースイニシアティブ基金からの助成金を受けて立ち上げられた。[3] RADARの目的は、人間のジャーナリストを排除することではなく、政府の公開データなどから世の趨勢《すうせい》を察知して、彼らが地方のオーディエンスに合ったニュースを報道するのに力を貸すことにあるのだ。

AIは、ニュース記事をローカライズして、地方にインパクトを及ぼすだろう。
ひとつ例をあげよう。地方新聞の衰退にともなって生じた隙間を埋めるために、現在では多くのコミュニティで「超地元密着型」ニュースサイトが次々に誕生しているが、これらの新種の報道機関にも、AIによるローカライズ・ニュースは提供されているのだ。[4]
RADARプロジェクトに用いられた主要なAIテクノロジーは、自然言語処理および自然言語生成だ。[5] つまり、このAIは統計表や情報を「読み」、それらを解析し、人間の自然言語でニュース記事を作成することができるというわけだ。
たとえば、市民が救急車を呼んだときの、各地域の平均の待ち時間のリストが与えられたとしよう。ＡＩは対応が迅速な地域、平均的な地域、対応に時間がかかる地域を推察してデータをローカライズすることができる。ローカライズされたニュースは、地域の暮らしに問題を提起することになる。

使用されるデータの大半は政府機関によって公表されたもので、入手方法は特別ではない（ただしその量は膨大だが）。データは医療、教育、法秩序、デモグラフィック情報などさまざまな分野をカバーしている。

ＡＩージャーナリストはフェイクニュースをあぶりだす

ＲＡＤＡＲシステムにより生成されるニュース記事は現在、ＰＡのニュースフィードを通じて１０００を超える地方の報道機関に利用されている。[6]

ローカルニュース記事を大量に作成することで、予算がきわめて厳しい地方の報道機関を通じて、一般市民の関心を重要な問題に集める機会が増える。

より詳細で厳格な調査が求められる問題をＡＩがあぶりだした場合は、人間のジャーナリストが交代してその問題を掘り下げる。そして、データからは見えてこない、根底にある原因を突きとめるタスクが任される。

これは「フェイクニュース」対策の一助にもなっている。

地方にとって重要な問題をジャーナリストが報道しない場合、ともすれば「独自の見解を述べたがる人」が出てくるものだ。しかもその根拠が、動かしようのない事実やデータではなく、個人的な経験や何の裏づけもない話だったりすることが少なくない。AIは根拠のあることしか報道しないので、彼らの主張がでまかせだとわかるのだ。

AIが作成するローカルニュースの記事によって、一般市民には、地方における民主的な意思決定に必要な情報が十分に与えられるはずだ。

ラーニングポイント

- 地方の報道機関は予算面で厳しい状況にあり、地方にとって重要な問題を報道する機能に危険な穴が開いているおそれがある。危機があるところにはニーズがある。
- 正しいニュース報道がなされれば、まちがった情報や「フェイクニュース」を流す連中がはびこる余地は減るだろう。AIは真実を見抜く目をもっている。
- 人間のジャーナリストには、データのみが頼りのAIには見つけられない、隠れた問題を追及する時間的な余裕が増えるはずだ。

1. BBC, Death of the Local Newspaper: *https://www.bbc.co.uk/news/uk-43106436*
2. The Drum, How PA and Urbs Media will use robots to strengthen local news, rather than devalue it: *https://www.thedrum.com/opinion/2017/08/10/how-pa-and-urbs-media-will-use-robots-strengthen-local-news-rather-devalue-it*
3. Google, Radar (Round 3): *https://newsinitiative.withgoogle.com/dnifund/dni-projects/radar/*
4. Press Association, More than 1,000 UK regional news titles now have access to stories jointly written by journalists and AI as RADAR launches new website: *https://www.pressassociation.com/2018/06/18/more-than-1000-uk-regional-news-titles-now-have-access-to-stories-jointly-written-by-journalists-and-ai-as-radar-launches-new-website/*
5. Press Association, Trial of automated news service underway as RADAR makes its first editorial hires: *https://www.pressassociation.com/2017/12/12/trial-automated-news-service-underway-radar-makes-first-editorial-hires/*
6. Press Association, More than 1,000 UK regional news titles now have access to stories jointly written by journalists and AI as RADAR launches new website: *https://www.pressassociation.com/2018/06/18/more-than-1000-uk-regional-news-titles-now-have-access-to-stories-jointly-written-by-journalists-and-ai-as-radar-launches-new-website/*

26

スポティファイ

新しいお気に入りになるアーティストを、予測して必ず見つけてくれる

スポティファイは2008年に開始された音楽配信サービスで、現在のアクティブ・ユーザ数は1億8000万、うちプレミアムプランの契約者は8300万人にのぼる。[1]アマゾンやネットフリックスをはじめ、この10年で注目を集めるようになったほかのオンライン・サービスと同様に、「大量のコンテンツをそれまでの配信手段よりも低価格で提供する」ことが、スポティファイを成功に導いた。しかし、これはスポティファイの成功要因のうちのひとつにすぎない。

スポティファイが誇るべき武器は、わかりやすく楽しい方法でユーザにコンテンツを提供できる、機械学習を使った先進の予測テクノロジーだ。

ＡＩが、ユーザの興味を惹くと思われる新しい曲をピックアップしてプレイリストを編集する、「ディスカバー・ウィークリー」（Discover Weekly）によるコンテンツの提供は特筆に値する。

○ＡＩの音楽仲間が「これ聴きなよ！」とすすめてくれる

数千万曲が聴き放題の各種のサービスを利用すれば、ユーザが聴く音楽がなくて困ることはない。しかし、かつてラジオのリスナーがしていたような、「知らなかったバンドやアーティストの曲がたまたま流れてきて、たちまち気に入ってファンになる」体験となると、難しそうだ。

お気に入りのバンドの名前を検索して、最新のリリース曲を聴くのはわけもない。けれど、サービスに追加されるあまたの新曲のなかから、未知のアーティストを見つけだすのは、骨が折れる。結局は、すでに知っているバンドやアーティストばかり聴いてしまうことになる。音楽の世界はもっと広大だというのに！

スポティファイは、毎週ユーザが好みそうな30の新曲を選んで、ディスカバー・ウィークリー・プレイリストとして提供する。

気にいっているナンバーを選曲してカセットテープに録音し、オリジナルのセット・リストをつくって友だちにプレゼントしたことがある（私と同じ）世代の人からすると、まるで「新しいＡＩの親友ができた！」といったところだろうか。

べつの見方をすれば、ＡＩは、リスナーの好みを推測して、彼らが気に入りそうな曲をかけてくれる、かつてのラジオＤＪのような役割をはたしているともいえる。

◦あらゆる手を尽くして、ぴったりの曲を提供する

スポティファイのディスカバー・ウィークリー・プレイリストのもととなるデータは、ユーザの聴取習慣をモニタリングして収集されている。また、スポティファイは「協調フィルタリング」（訳注：多くの人の意見を蓄積してデータベース化し、あるユーザの情報をもとに、嗜好傾向の似ているユーザが高く評価したものを推薦するシステム）のプロセスを介して楽曲を推薦する。[2]

シンプルな例で考えてみるとしよう。ユーザＡはいつもアーティストＸとアーティストＹの音楽を聴いている。それに対しユーザＢの定番はアーティストＹとアーティストＺだ。

このデータから協調フィルタリング・アルゴリズムは、ある程度の確率で、ユーザＡにはアーティストＺを、ユーザＢにはアーティストＸの曲を推薦すれば、それぞれに受け入れられるのでは

ないかと推測することができる。

いうまでもなく、1億人を超えるユーザがいて、楽曲も数千万とあるのだから、そうした提案を導き出すために組み立てられるマトリクスは、AとB、XとYとZの例よりもはるかに複雑だ。だからこそ、知見を大量に扱うことができるＡＩが必要なのだ。

さらに、ＡＩは否定的な意味をもつシグナルも察知する。再生開始から30秒以内に曲がスキップされると、アルゴリズムはそれを「その曲が好きではない」サインととらえ、おすすめの楽曲を選ぶ際にそれと似た曲を考慮に入れないようにする。[3]

スポティファイのレコメンド・エンジンはさらに一歩進んで、オーディオ解析と自然言語処理も活用している。

オーディオ解析では、それぞれの曲を構成要素、たとえばテンポ、ビート、音のピッチ、使われている楽器、サウンドの種類、歌詞のなかの印象的な言葉、歌詞のパターンに分解する。これらの要素を、ユーザの好きな曲や、音楽の嗜好が合うほかのユーザのお気に入り曲と比較し、特定のユーザが特定の曲を気に入る可能性を細かく算出することができる。

自然言語処理で使用されるのは外部データ、すなわちオンラインで発見された特定の曲に関連するテキストだ。レコメンド・エンジンは、ネット上を巡回してさまざまなウェブサイトの情報を集め、ある楽曲を話題にした新しい記事やブログ投稿を見つける。たとえば「陽気な」「ファンキーな」「もの悲しい」「壮大な」といった表現の使用頻度などから、曲を説明する言葉の傾向を解析し、その結果をふまえて、ユーザがその曲を気に入る確率を判断する。[4]

○好きな新曲がいつもある、だから契約が続く

こうして、スポティファイは深層学習とニューラルネットワークを利用して、あらゆる情報を総合し、高い確率でユーザが好むと確信した曲を推薦している。[5]

ではもしも、友人や家族があなたのアカウントでログインした場合はどうなるだろう。

じつは、スポティファイは一部の会員によるそうした行為をちゃんと認識している。だから、AIアルゴリズムが、「会員の聴取習慣が極端に変わったな」と察知しても、短期間ならばそれを考慮に入れないという対応能力があるのだ。

スポティファイは独自のデータセンターをもたない。2018年にはそのプラットフォームをまるごとグーグル・クラウドに移行させた。これにより、新規加入ユーザに対応するためにインフラのアップグレードを続ける必要がなくなり、より迅速な規模の拡大が可能になった。[6]

当然ながら、ディスカバー・ウィークリー・プレイリストは、ユーザの契約維持に寄与している。ユーザの好みに合う曲の予測精度の高さが、スポティファイの成功の牽引要因だ。2018年4月にニューヨーク株式市場に上場をはたして、3カ月で有料会員数は800万人増加し、株価は25％上昇した。[7]

ラーニングポイント

- スポティファイのような大手ストリーミング・サービスは、膨大な量のデータにアクセスできるので、「音楽」といった人それぞれで趣味嗜好が異なるものでも、きわめて正確な予測が可能だ。
- テンポやビートや歌詞の内容といった音楽の各要素は、リスナーが好む楽曲のマッチングに利用できる優れた指標だ。漠然とした「人の好み」といったものも、要素に分解すれば理解が進む。

。予測結果を「わかりやすく」「使いやすい方法」でユーザに提示するのは、予測結果そのものと同じくらい重要である。プレイリストを介した楽曲の購入が増えていることから、スポティファイがディスカバー・ウィークリーというフォーマットを選んだのは正解だった。

1. Spotify, Spotify Technology S.A. Announces Financial Results for Second Quarter 2018: *https://investors.spotify.com/financials/press-release-details/2018/Spotify-Technology-SA-Announces-Financial-Results-for-Second-Quarter-2018/default.aspx*
2. HPAC, Music Recommendation System Spotify: *http://hpac.rwth-aachen.de/teaching/sem-mus-17/Reports/Madathil.pdf*
3. Music: Ally, Spotify talks playlists, skip rates and NF's Nordic-fuelled success (#SlushMusic): *https://musically.com/2017/11/29/spotify-playlists-skip-rates-nf/*
4. Music Business Journal, Spotify's Secret Weapon: *http://www.thembj.org/2014/10/spotifys-secret-weapon/*
5. Quartz, The Magic That Makes Spotify's Discover Weekly Playlists So Damn Good: *https://qz.com/571007/the-magic-that-makes-spotifys-discover-weekly-playlists-so-damn-good/*
6. Computer World, How Spotify migrated everything from on-premise to Google Cloud Platform: *https://www.computerworlduk.com/cloud-computing/how-spotify-migrated-everything-from-on-premise-google-cloud-platform-3681529/*
7. Financial Times, Spotify gains 8m paid subscribers aided by Latin America growth: *https://www.ft.com/content/16c0c91c-90cd-11e8-bb8f-a6a2f7bca546*

27

テレフォニカ

「インターネット・パラ・トドス」――、すべての人のためのインターネットを

スペインの多国籍電気通信会社テレフォニカは、世界最大級の電話事業者、ブロードバンド・プロバイダー、モバイルネットワーク・プロバイダーのひとつである。

2018年、テレフォニカは「南米の遠隔地に暮らす1億の人々をネットにつなげる」という大胆な計画を発表した。そのために、AIを利用して電気通信インフラが整備されていない地域を特定し、リソースを配分してネットワーク接続を可能にするという。

○ もっとも必要としている人々はどこにいる?

最先端のテクノロジーは、人々の生活をよりよい方向に変えるために多くの貢献ができる。ネッ

トワーク接続性の向上は、ビジネスや教育の範囲を広げて機会を増やし、電気・ガス・水道や交通などのインフラを効率的に計画し、その後も管理できるようになる。

しかしながら、世界の人口の半数以上にはいまだにインターネット・アクセスがなく[1]、世界の大多数の人たちがそうした機会を利用することができないでいる。

なぜそうした問題が生じるのだろうか。

サービスに料金を支払う多くの人たちは、比較的せまい都市エリアに集中している。都市では、インターネット接続のためのインフラ整備のコストは大幅に下落する。いっぽう、人口が密集していない地域では、ネットワーク・インフラの導入コストがたいそう高くなる傾向がある。そのうえ、遠隔地の人口は追跡管理が難しい場合が多く、現住所や転居のデータが手に入りにくいことが、問題を悪化させているのだ。

ラテンアメリカの遠隔地に住む1億人の人々のための、オンライン接続ソリューションの整備は、テレフォニカの「インターネット・パラ・トドス」（すべての人のためのインターネットの意）プロジェクトの一環である。

ラテンアメリカを対象にしたのは、依然として人口の2割が、社会や経済の発展の要であるモバイル・ブロードバンド・サービスへのアクセスをもたないからだ。[2]

プロジェクトではまず、コンピュータビジョンを使い、衛星画像で人々が暮らす土地の状況を調査・把握したうえで、辺鄙な場所のオンライン接続に内在する「ロジスティック上の問題」を解決するための計画を作成した。

続いて地域の交通網を分析し、そのデータをもとに、できるだけ多くの人々にサービスを提供するための、ネットワーク整備にかかわる「ロジスティクスの最適化」を図った。へき地ではしばしば道路や鉄道などの交通のつながりがかなり悪いため、インターネット接続に必要な設備の手配や、機器の設置にいちばん多額のコストがかかるのだ。[3]

テレフォニカは、そうした各地の情報を、すでにサービスを提供している地域と比較して、「もっともネットワークを必要としている地域はどこか」「もっともインフラを効率的に整備できそうなのはどこか」を検討している。

○インフラはつくって終わりではない、保全こそが計画の命脈だ

インターネット・パラ・トドス・プロジェクトでは、テレフォニカはフェイスブックと提携を結び、衛星データをもとに交通インフラの接続状況を把握したほか、トランスミッターや通信用タワーの位置に関するテレフォニカ独自のデータや、各地の国勢調査データも利用した。

プロジェクトには「予知保全」も計画に盛り込まれている。これは、設備に不具合が発生してもエンジニアが到着するまでに何日もかかるような地域の場合、必ず決めておかなければならないことだ。[4]また、計画の実現には、地域のインフラ事業者、コミュニティのまとめ役、企業家らとの協力が欠かせない。

フェイスブックとの提携のなかで、テレフォニカはマイクロ波や無線アクセス・ネットワークのソリューションなどの技術を検討している。そのひとつが、地方の遠隔地に接続性をもたらすためにつくられた、フェイスブックの無線接続プラットフォーム「オープンセルラー」だ。

オープンセルラーは電波を使ってモバイル・ブロードバンドの信号を送信し、すでに整備されている通信タワーなど、既存のインフラを有効活用できるため、導入コストを大幅に低減させることができる。[5]

これらによって、どのような成果が得られただろうか。

機械学習とコンピュータビジョンにより、分析を行った遠隔地の人口の95％について、居住地を示す地図を作成することができた。誤検出率は3％未満だった。[6]

ペルーでの先行プロジェクトでは、アマゾン川流域の住民1万人がすでにインターネットに接続されている。

最終的には最大で1億人がこのプロジェクトの恩恵を受けられる計画だ。彼らにインターネット接続を提供することで、コミュニティ全体の経済の先行きは明るいものになり、住民は最新の医療や教育サービスを受けられるようにもなるだろう。

その結果、多くの先進国に大変革をもたらした最先端テクノロジーのメリットが享受できるようになった。そこでは、人々の生活の質が大幅に向上するのはまちがいない。

ラーニングポイント

- AIは、衛星画像を利用して人口密度地図を作成し、人々が生活する場所の正確なデータを集めることができる。
- 交通インフラの分析により、最大の費用対効果が得られる方法で技術を導入できるようになった。何事も、まずは正しいデータ収集と、正しい分析からはじまる。
- 予知保全では、いつ、どのような形で設備破損が起こる可能性があるかを検討する。もちろん、定期的な点検の必要性も把握しておく。予知保全を実行しておけば、スケジュールにしたがった効率的なメンテナンスが可能になる。広大な過疎地域におけるネットワークの導入にとって欠かせないものだ。

1. ITU, ICT Facts and Figures 2016: *https://www.itu.int/en/mediacentre/Pages/2016-PR30.aspx*
2. Computer Weekly, MWC 2018: Telefo'nica aims to connect 100 million in Latin America: *https://www.computerweekly.com/news/252435708/MWC-2018-Telefonica-aims-to-connect-100-million-in-Latin-America*
3. LUCA, Ready For A Wild World: *https://www.slideshare.net/wap13/big-data-for-social-good-106562070*
4. Fierce Telecom, Telefonica's "Internet para Todos" project uses modern tools to find and connect Latin Americans: *https://www.fiercetelecom.com/telecom/telefonica-s-internet-for-all-project-uses-modern-tools-to-find-and-connect-latin-americans*
5. TechCrunch, Facebook's OpenCellular is a new open-source wireless access platform for remote areas: *https://techcrunch.com/2016/07/06/facebooks-opencellular-is-a-new-open-source-wireless-access-platform-for-remote-areas/*
6. Telefonica, How Telefo'nica uses artificial intelligence and machine learning to connect the unconnected: *https://www.telefonica.com/en/web/public-policy/blog/article/-/blogs/how-telefonica-uses-artificial-intelligence-and-machine-learning-to-connect-the-unconnected*

28

ツイッター

フェイクニュースと戦い続け、「社会的な利益」と「ビジネス上の利益」を守る

ツイッターのプラットフォームには、毎日3億3000万を超えるユーザが数億件ものツイートを投稿している[1]。

このサービスが世界中の人々に愛されているのは、友人や憧れの有名人とかんたんにつながり、最新ニュースを知ることができるからだ。

利用者が莫大な数にのぼるうえ、原則として匿名で利用できることから、24時間365日発生するツイートのなかには残念ながら他人への攻撃やでっちあげもある。ほかのユーザが必ずしもあなたのように思いやりがある人だとは限らないのだ。

このソーシャルメディアの巨人は、有害な情報をばらまく連中からユーザを守るという難しい問

題に、ＡＩを活用してきちんと対処しようとしている。

○誰かの悪意を人間が取り締まるのは、もはや不可能だ

ソーシャルメディアはすべての人に発言の場を与えた。そしていつの世にも、新しいテクノロジーが生まれれば、それを使って嘘やデマを拡散したがる人がいる。

政治的な理由か私利私欲のためかはともかく、その誕生以降、ソーシャルメディアはさまざまなたぐいのプロパガンディスト（訳注：特定の主義や思想を宣伝しようとする人）や詐欺師を引き寄せてきた。そしてついには、国家レベルの選挙干渉が告発される事態まで起きている。[2]

トロール活動（訳注：釣り、荒らしと呼ばれる、物議を醸すような虚偽の情報をネット上で故意に拡散させる行為）による外国政府の選挙干渉が報道されるいっぽうで、個人が巻き込まれる詐欺行為も蔓延している。ギズモードの調査によると、関係のない第三者の写真を盗んで偽アカウントをつくるのが詐欺師の常套手段だということだ。[3]

写真ひとつあれば、誰もがかんたんに何者かになれてしまう。そこにソーシャルネットワーク特

有の性質がある。匿名性のベールに守られて、出資詐欺から陰謀論の拡散、テロリストのプロパガンダにいたるまで、何でも発信することができるのだ。

フェイクニュースが及ぼす影響の深刻さを受けて、ツイッターは、違法なアカウントの特定と排除に向けて、より先を見越した対応を取りはじめた。

その戦略のひとつが、スパムボット・アカウント・ネットワークを特定できる、機械学習ツールの開発だ。[4] フェイクニュースを流す詐欺師やペテン師は、自分たちの発言がいかにも合法的なように見せかけるためにこのスパムボット・アカウントを利用している。しかしこのツールを使えば、ユーザからの報告を待たずとも、毎週1000万の不正アカウントを発見し、閉鎖することが可能なのだ。

機械学習ツールは、たとえば有名なフェイクニュース・サイトにリンクしているなどの「有害アカウント特有の行動パターン」を突きとめ、それを、すでに特定済みの偽アカウントやボット・アカウントのパターンと比較している（と思われる）。そこで違反の可能性ありと判断されると、該当するアカウントは読み取り専用モードに切り替わり、そこに投稿することはできなくなる。

さらにツイッターは、アカウント保有者に、電話番号や実在するEメールアドレスなどで、自分が実在の人間であることを証明するよう要求する。

フェイクニュースや陰謀論を拡散し、詐欺をはたらく組織は、何百、何千の偽アカウントを使ってメッセージを大量に流すので、これを人間が取り締まるのは不可能だろう。

○偽アカウントの行動パターンを徹底的に追跡する

ツイッターは、詐欺師たちが対策を講じてしまわないように、偽アカウントの検出にどのようなサインを用いているかを公表するのは控えたいと述べている。[5] しかし、前述したように、ツイッターが、過去に特定された偽アカウントと同様の活動パターンを示すアカウントを探している可能性は高い。

活動パターンには、投稿頻度やネットワーキング行動（誰のアカウントをフォローし、誰のアカウントをフォローしていないか）のほか、限られた数のIPアドレスから発生している疑いのある多数のアカウントや、VPNのような身元や地理的情報を隠す技術の利用などが含まれるようだ。

特定のパターンが当てはまるアカウントが、信頼できない不正なウェブサイトのコンテンツをひんぱんに共有しているようなら、偽アカウントである可能性は高まる。

ＡＩテクノロジーの利用は偽アカウントへの対処にとどまらない。ツイッターは深層学習を使って、特定のツイートがユーザのタイムラインでどれくらい注目をあびるかを予測している。[6] 予測は、あるユーザがフォローするアカウントのツイートを、ひとつひとつ分析し、その人気度、アカウント保有者とユーザの過去のやりとり、ユーザが過去に反応を示したほかのツイートの特徴にどれくらいマッチするかをふまえて行われる。

ツイッターの取り組みの多くを主導しているのは、社内のＡＩスペシャリスト・チーム、コーテックス（Ｃｏｒｔｅｘ）だ。

これらの取り組みの、成果のほどはどうだろうか。

ツイッターが自動検出ツールを用いて削除した「偽、またはその疑いのある」アカウントの数は、２カ月で７０００万を超える。[7]

スパムポリシー違反で排除されるアカウント数は、前年比２１４％増加した。同時に、スパムに遭遇したユーザからの報告は、２０１８年３月時点で1日につき2万５０００件あったが、２０１８年5月には1日1万７０００件にまで減少した。ツイッターは、こうした数字から、スパム・アカウントや偽アカウントがユーザの目に留まる前に排除するという予防策が、一定の効果をあげているとしている。[8]

フェイク・ユーザを一掃する取り組みは、社会的な利益もさることながら、ビジネス上の利益にもかなっている。広告主はコストをかけてツイッターに出す広告を、ボットではなく実在の人々に見てもらいたいと思うからだ。

ラーニングポイント

- AIは、オンラインでの行動を分析すれば、詐欺師や悪意のある人々を特定することができる。これは、マーケティング担当者が広告のターゲティングに利用しているのとほとんど同じ技術だ。
- 場合によっては、匿名性は重要だ。アカウント保有者に対する度重なる本人確認の要求は言論の自由を制限しかねないとの懸念から、ツイッターはトラスト・アンド・セーフティ協議会を設けている。[9]
- ツイッターは、そのプラットフォームが提供する言論の自由の重要性は認めているものの、ユーザの安全が何よりも優先されると信じている。

1. Twitter, How policy changes work: *https://blog.twitter.com/official/en_us/topics/company/2017/HowPolicyChangesWork.html*
2. Financial Times, Senate panel backs finding of Russian meddling in US election: *https://www.ft.com/content/04385510-7f13-11e8-8e67-1e1a0846c475*
3. Gizmodo, The Bizarre Scheme Using Viral Abuse Stories and Stolen Pics to Sell Diet Pills on Twitter: *https://gizmodo.com/the-bizarre-scheme-using-viral-abuse-stories-and-stolen-1829173964*
4. Twitter, How Twitter is Fighting Spam and Malicious Automation: *https://blog.twitter.com/official/en_us/topics/company/2018/how-twitter-is-fighting-spam-and-malicious-automation.html*
5. Twitter, Our approach to bots and misinformation: *https://blog.twitter.com/official/en_us/topics/company/2017/Our-Approach-Bots-Misinformation.html*
6. Twitter, Using Deep Learning at Scale in Twitter's Timelines: *https://blog.twitter.com/engineering/en_us/topics/insights/2017/using-deep-learning-at-scale-in-twitters-timelines.html*
7. Washington Post, Twitter is sweeping out fake accounts like never before, putting user growth at risk: *https://www.washingtonpost.com/technology/2018/07/06/twitter-is-sweeping-out-fake-accounts-like-never-before-putting-user-growth-risk*
8. Twitter, How Twitter is fighting spam and malicious automation: *https://blog.twitter.com/official/en_us/topics/company/2018/how-twitter-is-fighting-spam-and-malicious-automation.html*
9. Twitter, Announcing the Twitter Trust & Safety Council: *https://blog.twitter.com/official/en_us/a/2016/announcing-the-twitter-trust-safety-council.html*

29

ベライゾン

障害発生に先まわりして対応し、顧客に問題があったことを気づかせない

1984年、米国司法省の判断にしたがってベル電話会社は分割され、地域電話会社7社（ベビーベル）が誕生した。そのうちの一社、ベル・アトランティックがベライゾンの前身だ。

現在、ベライゾン・コミュニケーションは世界最大の通信技術会社のひとつである。米国トップの無線契約サービスプロバイダーであり、ファイオス・ネットワークを通じて、数百万の契約者に高速光ファイバー・ブロードバンド・サービスを提供している。[1]

最近になるまで、ネットワークの稼働状況やユーザへのサービス品質に関するデータは、主として顧客のフィードバックから得られていた。

いまでは、ネットワークのトラフィックを監視し、外部要因である天気や顧客習慣の変化などの

データも機械学習が利用して、サービスの質への理解を深めている。

さらに、2017年の米ヤフーの買収により、ベライゾンは新たな機械学習の専門知識を手に入れることができた。

「このサービスは質が悪い」という経験をさせてはいけない

ベライゾンくらい大規模なネットワークになると、すべてを監視して、どこでどのような通信障害が起きるかを把握するには、とんでもない労力がかかる。

従来、問題の発生を知るのには顧客からのフィードバックが頼りだった。要するに、何らかの障害が起きて、質の悪いサービスに対する苦情がどんどん寄せられるようになるのを待つよりほかなかったのだ。

つまり、起こってからでなければ問題への対処は不可能だったわけだ。

となれば、たとえ原因を見つけてそれを修正できたとしても、顧客のほうはすでに「このサービスは質が悪い」という経験をしてしまったことになる。

顧客に影響が及ぶ前に、どこで問題が生じるかを予測したいのはやまやまだったが、機械学習が十分に発達するまでは、正確な予測に必要な解析ツールがなかったのである。

正常な状態を把握することで、異常とは何かがわかる

ベライゾンの機械学習アルゴリズムは、すべてのネットワーク・エレメントから収集されたデータを解析し、得られた知見を活かして、通信障害の発生時期やそのメカニズムを理解している。まず、機械学習アルゴリズムは入手できるエレメントを残らず解析し、「正常な」稼働レベルをあらかじめ知っておく。続いて、「異常値」の兆候——通常の挙動パターンから外れたイベント——を探してその原因の究明を試みる。

そうやって、過去にネットワークに問題が生じた状況に類似した出来事、たとえば顧客によるデータ使用量の急増、設備の故障を招きかねない悪天候などを認識することができる。

ベライゾンでネットワーク性能解析担当ディレクターを務めるマット・ティガーダインは、こんなふうに語っている。

「機械学習がすごいのは、処理できるのがたとえばインターフェースのようなひとつのデータソースだけではない、というところです。私たちの場合、外部の環境やルーターのCPU使用率などの

データも収集します。そうやって私たちは『正常な』状態というのがどういうものかを把握しているのです」。

またティガーダインはこうも述べている。

「私たちは、いわば異なるデータソースが集まった、きわめて複雑な生態系のようなものを扱っています。だからこそ数多くの知見を引きだし、価値のある解析結果が得られるのです」。

そうした機械学習による予測技術が奏功し、2017年には「顧客に影響が及ぶおそれがある」イベント200件をその発生前に突きとめることができた。[2] つまり、顧客に実害が及ばないうちに問題は解決されたのだ。

ラーニングポイント

- 顧客が影響を受けるイベントを予測すれば、問題の発生前にそれを修正することが可能になる。結果、顧客満足度を高めて解約率を下げることができる。
- ベライゾンがもつネットワークの規模と範囲からすれば、そうしたイベントの兆候を見きわめるのに必要なデータは豊富に入手できる。

。ベライゾンのデータの大半は社内データなので、ほかの企業が入手することはできない。それが競争上の強みになっている。

1. Verizon, Fios: *https://www.verizon.com/home/fios/*
2. Verizon, How Verizon is using artificial intelligence and machine learning to help maintain network superiority: *https://www.verizon.com/about/our-company/fourth-industrial-revolution/how-verizon-using-artificial-intelligence-and-machine-learning-help-maintain-network*

30

バイアコム

カスタマー・エクスペリエンスを高め、企業のノーススター・メトリックを明確にする

大手メディアネットワークのバイアコムは、ニコロデオン、コメディ・セントラル、MTVといったおなじみのテレビチャンネルを傘下にもつほか、400のユーチューブ・チャンネル、60のインスタグラム・アカウント、430のフェイスブック・ページ、100のツイッター・アカウントを運用している。

バイアコムは、AIプラットフォームを用いたネットワーク全体のリアルタイム解析に多額の資金を投じ、知見を抽出してカスタマー・エクスペリエンスの向上に役立てている。

○ あらゆる可変要素が、中核事業に影響する時代

テレビとソーシャルメディアの両方にそれだけ多くのチャンネルがあるのだから、顧客の視聴習慣や好みに関するデータはふんだんに手に入る。手に入りはするのだが、そこから先は一筋縄ではいかない。そうしたあらゆるデータが意味するところを正しく理解することが必要だからだ。

バイアコムのような企業の場合、フェイスブックの「いいね!」から、ストリーミング動画の再生開始時間まで、いたるところのすべての可変要素が、顧客の動画視聴にいかに影響を及ぼすかを理解しないといけないのだ。

同時に、コンテンツを世界中の顧客に送信するのに十分な帯域幅の確保も必要だ。ここをまちがうと、再生中にバッファリング処理による一時停止が発生したり、映像がカクついたりするおそれがある。

これが度重なれば、顧客はあまたあるほかのサービスに目移りしはじめるだろう。

製品分析担当シニア・ディレクター、ダン・モリスは、動画配信はバイアコムの中核事業であり、この領域で卓越した存在になるのが目標だと語った。

「しかし、そこには不確定要素が数多く関係してきます。内部システムと外部システム間の通信、コンテンツ配信、アドサーバーなどです。それから、ユーザ・サイドにはWi-Fiの接続性など、じつのところ私たちにはどうすることもできない環境要因も山ほどあるのです」。

◦企業の成長にもっとも寄与する指標はなんだ？

ネットワークから得られるデータと、ソーシャルメディアから伝わるシグナルをもとに、バイアコムは「視聴者がどのようにサービスを利用しているか」をできるだけ理解しようとした。そしてその理解をふまえて、目標の実現にとっていちばん重要な「ノーススター・メトリック」（訳注：企業の長期的な成長にもっとも寄与する指標）を決定することができた。

たとえば初期のフェイスブックは、ユーザ行動の分析を通じて、「そのプラットフォームで10日以内に7人の友人とつながることができれば、彼らは長期的なユーザになる可能性が高い」という推論を導き出した[1]。

バイアコムにとってのノーススター・メトリックは、「ハマっている番組が2つか3つある顧客は、長期にわたってコンテンツを見る忠実な視聴者になる確率が350％高い」ということだった。さらに、4番組を定期的に見てもらえれば、その確率は700％に跳ねあがると推定した。

これらのデータから、「すでに1番組を視聴している顧客には2つめ、3つめを」「ハマっている番組が2つ3つある顧客には是が非でも4つめの番組を」見てもらえるように、バイアコムが集中的にリソースを投じることができたのは明らかだ。

AIアルゴリズムの活躍の場はそれだけではない。バイアコムは、オンライン動画配信プラットフォームのデータフローや利用可能な帯域幅をモニタリングするのにも、AIアルゴリズムを用いている。動画フィードの品質は常時モニタリングされているので、顧客に提供するサービスの品質低下を察知できる。

品質低下の問題に関しては、「顧客が視聴を続けるかどうか」にもっとも大きなインパクトを与える、ふたつの可変要素が明らかになった。それは、「動画の再生開始までの時間」と「再バッファリング率」（データを読み込むために動画の再生が一時的に停止する頻度）だ。

これらふたつの指標を最適なレベルで維持するのに、利用可能な帯域幅の経路を再設定することで、バイアコムはカスタマー・エクスペリエンスの質を高めている。

また、バイアコムでは、数百ものソーシャルメディア・チャネルにおけるデータの自動収集・解析を指揮する、7人のデータサイエンス・チームを結成した。[2]

チームが現在使用しているツールは、5分ごとにソーシャルネットワークから情報を引きだし、バイアコムのブランドを宣伝するコンテンツ・マーケティング（訳注：価値のあるコンテンツをつくってターゲットユーザをウェブサイトに呼び込み、見込み顧客を最終的に顧客として定着させようというマーケティングの手法）の投稿の成果をモニタリングしている。

そうして、ウェブサイトにトラフィックを誘導したり、人気番組に「チャンネルを合わせよう！」と顧客に提案しているのだ。

ラーニングポイント

- AIは、投稿エンゲージメントなどのソーシャル・シグナル（訳注：ソーシャルメディア上でユーザがコンテンツに対しどんな反応を示したかを表す指数）の影響を詳細にひも解いてくれる。
- AIはいまや、バイアコムのような広大なデータ・ネットワークでリアルタイムのモニタリングを実施し、リソース管理を自動化できるほどの能力がある。
- ビジネスにおいては、主として重要な成功要因（ノーススター・メトリック）の特定にAI解析が利用されている。

1. Startup Marketing, How Chamath Palihapitiya put Facebook on the path to 1 billion users: *https://ryangum.com/chamath-palihapitiya-how-we-put-facebook-on-the-path-to-1-billion-users*
2. Digiday, How Viacom uses artificial intelligence to predict the success of its social campaigns: *https://digiday.com/media/viacom-uses-artificial-intelligence-predict-success-social-campaigns/*

Part

4

Services, Financial and Healthcare Companies

サービス、金融、ヘルスケア企業

AIは、いますぐには人間の医者の代役は務まらないかもしれない。しかしAIは、すでに医療をサポートする強力なツールに成長している。将来的にも、AIが医者にとって代わることはないだろう。そのかわり、AIは医者にはできないことをかんたんにやってのける、ある意味医者以上の「何か」になりうる可能性は十分にある。医者≒AIという発想ではなく、それぞれが役割をもって医療の未来を創出してゆくのだ。

アメリカン・エキスプレス／エルゼビア／エントルピー／
エクスペリアン／ハーレーダビッドソン／ホッパー／
インファービジョン／マスターカード／セールスフォース／ウーバー

31

アメリカン・エキスプレス

セキュリティの精度をあげるだけでなく、カード・ビジネスに付加価値を提供する

米国のクレジットカード取引の25%を処理し、2017年の取引総額が1兆1000億ドル[1]のアメリカン・エキスプレスは、『フォーブス』誌が発表する「世界でもっとも価値あるブランド」ランキングで上位に入る金融サービス企業だ。[2]

アメリカン・エキスプレスは機械学習のデータと解析をあらゆる業務の要と考えているが、なかでも主要なユースケースは、不正利用の発見とカスタマー・エクスペリエンス向上のふたつだ。

○クレジットカードへの信頼を守りとおすために

クレジットカードの不正利用によって世界の企業や個人が被る損失額は、毎年およそ200億ド

ルにもなる。[3] 不正な利用のほとんどが、盗まれるなり偽造されるなりしたカード情報が、ネットや電話による商品・サービスの購入に利用される「カード不介在詐欺」である。

企業や消費者の利便性を確保するには、日々刻々と発生する大量の取引を処理できるカード決済システムを構築する必要がある。不正利用の企てはすばやく見つけださなければならないが、じつはそのチャンスはほんの一瞬しかない。

正当な取引をまちがって「不正利用だ」と判断してしまうと顧客に迷惑がかかる。それがあまりに度重なれば、顧客はめんどうを嫌ってほかの決済手段を検討するようになるだろう。

詐欺師はテクノロジーに精通していることが多い。

彼らは、独自のハイテク・システムを開発・整備して、不正利用防止のためのセキュリティ・システムの網をかいくぐってきた。たとえば位置情報を「偽造」して、セキュリティ・システムに、世界のほかの場所で取引しているように見せることなど、かんたんにやってのける。

金融機関と詐欺師のあいだでは、互いを出し抜こうと何十年にもわたって「激しい戦い」が繰り広げられてきた。現在、ＡＩの出現により、その戦いの構図は大きく変わろうとしている。この先も不正な利用がなくなることはないだろうが、銀行やクレジットカード会社は、ＡＩ技術の活用によって、ネットワークを介した取引に求められる信頼を顧客に与えられるのではないかと期待をよせている。

◦詐欺師たちの悪知恵の、さらに上をゆくセキュリティを構築

銀行、カード会社、保険会社などはこれまで、過去のデータに見られるパターンをもとに不正利用の検出を試みてきた。たとえば、カードの保有者がふだんしないような高額取引や、突然海外で発生した取引などがパターンとしてあげられる。

「不正」と判明すると、取引内容は記録され、その特徴は不正利用を裏づける条件だと認識される。そして、今後類似の取引を詐欺と判断する指標として使用される。

こうしたことを積み重ねていけば、金融機関は取引の信頼度予測に利用できるモデルを構築することができるのだが、相当な手間がかかるうえ、新しい情報があがってきてもリアルタイムに更新するわけにはいかないのがふつうだった。[4]

アメリカン・エキスプレスは、世界中のどこかでカード取引が発生したら、ただちにそのデータ

を読み取ることが可能なＡＩシステムを確立した。このシステムはほぼリアルタイムで不正利用の特徴を記録し、検出アルゴリズムにフィードバックできる。これまでよりはるかに多くのデータにアクセスできるため、より複雑な特徴パターンの分析が可能になる。

そのため、たとえ詐欺師が、特定されやすいひとつの偽造指標をすり抜けたとしても、アルゴリズムがそれ以外の特徴に見られる異常をただちに検出し、疑わしい取引であると警告を発することができるようになる。

機械学習を使って、日々何百万件と発生している取引のなかから不正利用を見つけるには、膨大な量のデータを取り込んで解析する最先端のストレージ・ソリューションが必要になる。そのためにアメリカン・エキスプレスが利用しているのが、ハドゥープ・ベースの分散ストレージ・インフラだ。[5]

従来型のコンピュータ・ストレージ・インフラでは、過去の取引データに迅速にアクセスし、短時間で正確な予測をするのはとても無理である。しかし、アメリカン・エキスプレスの不正利用検出システムは教師あり学習と教師なし学習を組み合わせた手法を用いているため、詐欺の兆候となるデータを、次第に正確に発見し判断を下せるようになっていく。

顧客をうんざりさせる不正の誤検出を回避し、アメリカン・エキスプレスの決済処理システムに対する信頼度を高めるだけでなく、より多くの不正取引を阻止できる。結果、被害額の補償など、事件発生後に講じるべき対応策が減り、不正取引の処理にかかるコストを大幅に削減することができるのだ。

さらに、アメリカン・エキスプレスが目指すのは、安全にお金を使える環境を整えることだけではない。顧客の習慣や購入履歴をふまえたパーソナルな提案をすることによって、「どこでお金を使えばよいか」を判断するのに役立つＡＩアシスタントを、カードアプリに組み込むことにある。つまり、アマゾンはじめオンライン小売業者が利用しているような一種のレコメンド・エンジンを、カードの付加価値にしようというわけだ。

ラーニングポイント

- 正確な予測に必要な大量のデータをリアルタイムで処理するには、分散ストレージと高い演算能力が求められる。日々発生するカード取引などの事案には、リアルタイムであることが重要だ。
- アメリカン・エキスプレスが処理する取引の「大量」を考えると、効率を「少し」アップさせるだけで、全体のセキュリティを「大幅」に向上させることができる。

。

不正取引の検出に加え、金融サービス企業がＡＩに期待しているのは、顧客に付加価値を与え、顧客のサービス利用方法に変化をもたらすことだ。セキュリティという「課題」が、新しい「事業」を生みだすのだ。

1. American Express, Company 2018 Investor Day: *https://ir.americanexpress.com/Cache/1001233287.PDF?O=PDF&T=&Y=&D=&FID=1001233287&iid=102700*
2. Forbes, The World's Most Valuable Brands: *https://www.forbes.com/powerful-brands/list/*
3. The Nilson Report, Card Fraud Losses: *https://nilsonreport.com/upload/content_promo/The_Nilson_Report_Issue_1118.pdf*
4. Mapr, New Age Fraud Analytics: Machine Learning on Hadoop: *https://mapr.com/blog/new-age-fraud-analytics-machine-learning-hadoop/*
5. Mapr, Machine Learning at American Express: Benefits and Requirements: *https://mapr.com/blog/machine-learning-american-express-benefits-and-requirements/*

32

エルゼビア

140年の医学知識と最新のデータを活かし、患者にとって最適な治療法を見出す

エルゼビアは世界的なマルチメディア出版社で、『ザ・ランサー』や『セル』などの一流の研究誌をはじめとする2万種類を超える出版物を、科学・医療分野の教育機関や企業に提供している。

また、継続的なデジタル変革の第一歩として、エルゼビアは140年の歴史のなかで出版してきた報告書や論文からなる膨大な量のデータをデジタル化した。

現在は、そうしたデータはもちろん、匿名の患者データや、500万件を超える保険請求データといったほかのビッグデータを組み合わせて、そこから新たな知見を抽出するAIツールの構築に取り組んでいる。

◦ＡＩが、診察・診断・治療法・薬の処方まで道筋をつくる

米国では、年齢・性別が同じふたりの患者が、同一の症状を訴えて別々の一次医療機関にかかった場合、治療の「転帰」（訳注：疾患などの治療における症状の経過や結果）と「費用」に著しい差が生じることがめずらしくない。[1]

それは、診断と治療を行う医療スタッフの知識や経験のレベルがまちまちなうえ、効率的な治療や望ましい転帰を達成するための方法について、それぞれの考えが異なるからだ。

そこで、ＡＩが最初の診察・診断から治療法、薬の処方までの「道筋」をつくることができれば、患者をより短期間で快方に向かわせて、医療費も平等に減らせる可能性が高くなるとエルゼビアは考えた。

エルゼビアは、自然言語処理と機械学習を利用して、患者に最適な治療の道筋を示す診断支援プラットフォームを構築している。

「Via Oncology」と呼ばれるそのプラットフォーム・システムは、現在、米国の主要ながんセン

ターに整備されていて、エルゼビアの医学雑誌に発表された広範なアーカイブと患者データの関連づけを行うことができる。

プラットフォーム・システムはまた、同じ症状を訴えた過去の患者の症例を探しだして、どのような転帰が得られたかを分析する。それにより、データにもとづいて、患者に好ましい転帰をもたらす可能性がもっとも高い治療を提案できる。

エルゼビアのクリニカルソリューション担当プレジデント、ジョン・ダナハーに話を聞いたところ、AI解析と大規模なデータソースを組み合わせたプラットフォームの開発を推し進めることが、現時点のビジネスにとって優先事項だと話した。

エルゼビアは、書籍や雑誌に発表された論文などのあらゆるコンテンツを利用して、疾病の症状を詳しくまとめ、それをもとに予測診断モデルを確立した。さらに、大規模な患者データベースを使ってニューラルネットワーク・モデルを訓練し、鑑別診断（訳注：特定の症状を引き起こす疾患を絞り込むために行う診断）を生成できるモデルをつくった。

このモデルは重みづけ予測が可能で、たとえばある年齢、性別の人に特定の症状が出た場合に、疾病Aである確率は70％、疾病Bである確率は35％といった予測をすることができる。

○医師は85%の確率でAIの治療プロセスに従う

ダナハーによると、ＡＩ導入の次のステージに向けて、マイクロソフトやアマゾンが提供する商用ビッグデータとソリューションを検討中だという。

さらに、先進の診断支援プラットフォームに加えて、エルゼビアは「サイエンス・ダイレクト」などの医療分野以外のリサーチ・ソリューションにもＡＩを適用している。このデータベースも同様に、科学文献の公開コーパスを利用し、ＡＩが研究テーマと関連がある文献や論文を見つけ、提案することで研究者をサポートしている。[2]

Via Oncologyプラットフォームが提案する治療プロセスの、医療スタッフによる遵守率は85%で、ここにＡＩ導入の成果がもっともよく現れているとダナハーは述べる。

「患者が期待するのは、がんセンターに行けば最先端の機器を使った最新治療が受けられ、そしてもちろん、最善の転帰が得られることです」。

「臨床医は８５％の確率でプラットフォームの治療プロセスに従って治療を進めます。ときどき、たとえば患者が特定の薬にアレルギーをもっているようなケースで、医師がそのプロセスに従わなかった場合は、その理由をよく検討し、必要に応じて意思決定を見直します」。

さらにダナハーは語る。

「このプラットフォームは今後の臨床研究にも影響を与えるでしょう。すべてをＡＩによる解析が主導するようになるのです」。

ラーニングポイント

- エルゼビアは患者の医療記録、保険金請求、医療費のデータ、公開されている医療文献を総合し、もっとも効果的と思われる治療の道筋を予測する。もっているものはすべて使うという姿勢だ。
- エルゼビアは米国で発表されている科学および医療研究の文献の25％を保有している。それらのデータから「価値を引きだす」のがＡＩだ。
- データに従って最適化できれば、標準治療は患者の転帰を改善し、医療提供者の全般的なコスト削減にも役立つ。

1. Wall Street Journal, Mayo Clinic's Unusual Challenge: Overhaul a Business That's Working: *https://www.wsj.com/articles/mayo-clinics-unusual-challenge-overhaul-a-business-thats-working-1496415044*
2. LinkedIn, Artificial Intelligence And Big Data: The Amazing Digital Transformation Of Elsevier From Publisher To Tech Company: *https://www.linkedin.com/pulse/artificial-intelligence-big-data-amazing-digital-elsevier-marr/*

33

エントルピー

AI鑑定士が巧妙につくられた偽造品を見破り、ブランドの知的財産を守る

2016年に設立されたエントルピーは、AIを用いて偽造品の撲滅に取り組んでいる。偽造品による減収を最小限に抑えたい高級ブランドのみならず、うかつに偽物を販売して法律を破るような真似をしたくない小売業者にも、エントルピーは「PaaS」(訳注：プラットフォーム・アズアサービス。サーバやデータベースなどのいわゆる「プラットフォーム」と呼ばれる部分をインターネット経由で提供するサービス)を提供している。

共同設立者でCEOのビジュット・スリニバサンは、バイクで全国をまわっているとき、本物だと思って買った新品のバッテリーが故障した経験から、偽造品を見破ることにフォーカスした機械学習の開発を進めようと決意した。[1]

◦偽物による減収よりも、ブランドに傷が着くのがダメージ

世界で流通している偽造品の合計額は年間およそ5000億ドル[2]。知的財産が盗まれているブランド企業にとっては、収益の減少もさることながら、どうしても守りたいブランド・アイデンティティの希薄化を招いている。「あのブランドは質が落ちた」「このブランドにはニセモノが多い」といったイメージがつくのは、なんとしても避けたいのだ。

いっぽうで、誠実な小売業者や卸売業者にとっては、信用して購入した在庫が偽物とわかって大損失につながるだけではすまない。模造品詐欺で横行しているのが、正規品を販売した小売業者に、偽物を返品して不正に利益を得る手口だ。

そうしたことがまかり通るのは、多くの小売店には、返品されるすべての商品を確認する時間も技術もないからにほかならない。

○ 超極細繊維の向きや、経年の摩耗具合まで見ている

エントルピーは、機械学習と深層学習の技術を用いて正規品を見分けるスキャニング技術を開発した。[3] 衣服やアクセサリー、宝石から電化製品、自動車部品にいたるまで、あらゆるものの微細な情報を記録することができる技術だ。サービスをうけるユーザはスマートフォンのアプリか専用の携帯スキャナーを使って、彼らが購入した商品または在庫品が本物かどうかをチェックすることができる。

これを可能にしたのは、製品の構造、たとえば生地を織る際の超極細繊維の向きなど、じつに細かいディテールを記録することができるマイクロスコープ・カメラと、偽造の可能性を判断する深層学習アルゴリズムだ。スキャン画像はクラウドに保存されている参考画像とリアルタイムで比較され、正規品かどうかが即座に鑑定される。

エントルピーの技術なら、人間には本物と見分けがつかないほどきわめて精巧につくられたレプリカさえも、判別することができるという。

エントルピーのデータベースには、鑑定対象となるブランドが販売している製品の画像数百万枚が保管されている。シャネル、ディオール、バーバリー、グッチ、ルイヴィトン、プラダなど、世界でもっとも多く偽物がつくられているブランド群だ。

質感、糸や粒子のちがい、製造過程で製品につけられる小さな印などから画像は識別される。このとき必要とされたのは、畳み込みニューラルネットワーク・アルゴリズムのトレーニングだ。たとえ中古品でも、アルゴリズムは摩耗具合のちがいを見分けて偽造品かどうかを判断することができる。

こうして、エントルピーのシステムは98・5％の確率[4]で偽造品を特定できるようになった。この技術がもっと広く利用されるようになれば、小売業者をはじめ顧客さえも、より安心して売買ができるようになり、偽造犯罪者はますます仕事がやりにくくなるというわけだ。

ラーニングポイント

- AIは、驚くほど細かい画像データを人間の目よりもはるかに迅速に分析し、本物と偽物を区別できる。
- 収益と知覚価値（訳注：機能や性能のみならず信頼性や雰囲気なども含め、消費者が製品に対して抱いている品質についての総合的な価値）の保護に役立つのなら、ブランド企業はよろこんで協力する。
- 偽造は人類の歴史のなかでずっと存在してきた。完全にこれをなくすのは無理なようだ。偽造品をつくる連中は、独自の技術を強化して対抗するだろう。しかし、AIが活躍するいま、戦いの趨勢は拮抗状態を崩しつつある。

1. Tech.co, How AI Is Powering the Fight Against the $900B Counterfeit Industry: *https://tech.co/ai-counterfeits-2017-08*
2. OECD, 2018 - Trade in Counterfeit and Pirated Goods.「偽造品と著作権侵害物の取引の動向」、OECD、2018
3. Entrupy.com: *https://www.entrupy.com/technology/*
4. Entrupy.com: *https://www.entrupy.com/*

34

エクスペリアン

消費者の信用度を正確に評価して、不動産購入のストレスを軽くする

エクスペリアンは世界最大の消費者信用調査会社で、企業、銀行、金融機関がそのサービスを利用して融資先の信用度を判断している。

見方を変えれば、エクスペリアンは消費者とその支出習慣に関して膨大な量のデータを保有しているともいえる。現在、エクスペリアンはＡＩ技術をデータに適用し、予測精度の向上に加えて、消費者のために複雑な金融取引の簡素化にも取り組んでいる。

なかでも、とくに力を入れている分野が住宅ローンだ。機械学習を活用して長期にわたるローン申請プロセスを短縮し、ストレスと手数料の軽減につなげたい考えだ。

○信用履歴が少なくても、返済能力が判断できる

住宅ローンの申請は、時間を要するやっかいなプロセスだ。申請には一般に、売主、買主、調査会社、不動産業者、事務弁護士（日本の場合は司法書士）、保険会社、住宅ローン・ブローカー、融資会社といった多くの関係者のあいだの情報調整が必要になる[1]。

だからこそ、不動産の購入はしばしば「人生でもっともストレスの大きいイベント」のひとつに数えられる。

しかも、情報のやりとりの方法が関係者によってばらばらなので、業務が重複し、当然だが手数料も重なって、消費者である私たちが負担する経費の総額が増えてしまう。

ここ数十年のデジタル化によってある程度合理化されてきたとはいえ、不動産ローンの承認を受けるには、ひとつひとつの作業に数日がかかる。たくさんの企業や機関に足を運ばなければならず、依然として数週間、いや場合によっては数カ月を要するのが現実なのだ[2]。

エクスペリアンは、何千件もの住宅ローン申請を分析し、業務の重複を減らして、さまざまな関

係者間の流れを合理化し、効率を高められる方法を判断するＡＩシステムを試している。[3] 訓練を積み重ねることで、システムは個別の申請プロセスでもっともひんぱんに必要になるデータ要素を調べて分類し、すぐに見つけて必要な場所に送ることができるようになっていく。

必要最小限のデータセットを処理するのが精いっぱいの人間が、こうした作業をするのはとても無理な話だろう。ところが機械ならば、新しいローン申請が登録されるたびに、たえまなく更新される膨大なリアルタイムのデータを扱うことが可能だ。

この予測技術があれば、限られた信用履歴しかない人も不動産ローンや個人ローンを受けやすくなるだろう。

なぜなら、融資する側は、申請者のプロフィールに類似したほかの顧客のデータにもとづいてローン申請を評価し、返済能力についてより正確かつ確実な判断ができるようになるからだ。[4]

。数カ月もかかっていた住宅ローン申請が数日になる？

ワークフロー全体のデータ処理には機械学習が使用されている。このシステムはどんなケースでどのデータが使用されているか、あるいはされていないかを学習する。学習を重ねるにつれて、ローン申請プロセスの各段階で、「どのデータが重要で、どのデータが不要か」の正しいモデルを確立することができる。

エクスペリアンのバリー・リベンソンCIOはこんなふうに話した。

「そのうちに、必要なのは5年分の税務申告書ではなく、5年分の信用払いに関するデータであることがわかるかもしれません」。

エクスペリアンは、必要に応じてデータ知見を生成できる「アナリティック・サンドボックス」というプラットフォームを構築した。その解析アルゴリズムの駆動には、オープンソースの機械学習および深層学習フレームワーク「H2O」が使用されている。[5]

また、ビッグデータにすばやくアクセスするために、クラウデラ（訳注：米国のソフトウェア会社）の「エンタープライズ」プラットフォームを利用し、消費者の信用履歴をもとにした意思決定の精度を高めるのに役立てている。[6]

リベンソンは、システムの実装によって、数週間から数カ月かかっていた住宅ローン申請期間を数日に縮められると見ている。[7] 長期的に見て、消費者の生活はシンプルになり、企業側にはデータにより正確な判断が可能になるというメリットがある。

すでに完了している業務が繰り返されるようなことが減るため、コンプライアンスや承認にともなって発生するさまざまな関係者に支払う手数料は下がるはずだ。

ラーニングポイント

- AIは、多くの業務の流れのあらゆる側面を検討し、詳細を追跡管理できるので、たとえば「効率を上げられる領域を明らかにする」ことができる。
- 賢明な企業は、データの特性を見きわめて、必要なものだけを機械学習で処理し、サービスとして提供することが優れたやり方であることに気づきはじめている。
- こうしたシステムの実装には、必然的に新たなセキュリティ・リスクがともなう。リベンソンはこんなふうに述べている。「肝心なのはセキュリティを置き去りにしてテクノロジーを整備しないこと。サービスの提供と同じくらいの時間とエネルギーをエコシステムの安全維持に注がなければなりません。グローバルにそれを実行しようとすると……ことはいっそう複雑になります」。

1. Home Buyers Institute, Why Do Mortgage Lenders Take So Long to Process and Approve Loans?: *http://www.homebuyinginstitute.com/mortgage/why-do-lenders-take-so-long/*
2. Realtor, How Long Does It Take to Get a Mortgage? Longer Than You Might Think: *https://www.realtor.com/advice/finance/how-long-does-it-take-to-get-a-mortgage/*
3. Forbes, How Experian Is Using Big Data And Machine Learning To Cut Mortgage Application Times To A Few Days: *https://www.forbes.com/sites/bernardmarr/2017/05/25/how-experian-is-using-big-data-and-machine-learning-to-cut-mortgage-application-times-to-a-few-days/#7869322f203f*
4. Tech Emergence, Artificial Intelligence Applications for Lending and Loan Management: *https://www.techemergence.com/artificial-intelligence-applications-lending-loan-management/*
5. Experian, Bringing Machine Learning to Data Analytics: *http://www.experian.com/blogs/insights/2017/05/machine-learning-with-analytical-sandbox/*
6. Experian, Experian selects Cloudera to deliver instant access to aggregated financial data: *https://www.experianplc.com/media/news/2017/experian-selects-cloudera-to-deliver-instant-access-to-aggregated-financial-data/*
7. Forbes, How Experian Is Using Big Data And Machine Learning To Cut Mortgage Application Times To A Few Days: *https://www.forbes.com/sites/bernardmarr/2017/05/25/how-experian-is-using-big-data-and-machine-learning-to-cut-mortgage-application-times-to-a-few-days/#7869322f203f*

35

ハーレーダビッドソン

人の手で組みあげられたバイクを、AIが潜在的な顧客に売り込む

ハーレーダビッドソンは米国のバイク製造業者で、世界で年間15万台[1]を販売している。また、ブランドのロゴマークをライセンス供与し、衣服や家庭用品、アクセサリーへの使用で利益を得ている。バイクを販売するのは世界中にある正規販売店ネットワークだ。

そのひとつ、ハーレーダビッドソン・ニューヨークの経営者アサフ・ヤコビは、リバーサイド・パークの散歩中に、AIマーケティングのスペシャリスト、アドゴリズムCEOのオル・シャニに偶然出会った。売り上げ不振の打開策に頭を悩ませていたヤコビにシャニがすすめたのが、自社のプラットフォーム「アルバート」だった。

◦ 人間のアナリストには見つけられないパターンがある

ハーレーダビッドソンと聞いて、すぐにハイテクの導入を連想する人は少ないかもしれない。何しろハーレーのバイクは、いまでも工場で人の手によって1台ずつ組み立てられているのだ。特注やカスタムメイドの細かい作業レベルを、全自動の組み立てラインで確保することはいまだに無理だ。

一般的に、自動車やバイクなどの値の張る商品は、売れる数が少ない。ハーレーダビッドソン・ニューヨークの1週間当たりの販売台数は、平均1、2台といったところだ。[2] このようなタイプのビジネスでは、ひとつひとつの売り上げが収益に大きく影響するので、顧客を惹きつけるのに資金を投じる必要がある。

ただし、これは「しかるべき顧客」をターゲットにしなければ意味がない。

マーケティングの予算は最大限効率よく使うべきだが、適切なデータがなければ、顧客が誰で、どこにいるかもわからない。これでは、せっかくの予算の使いどころの判断をまちがう可能性がある。

仮に、データを手に入れたとしても、今度はそれを分析する能力が必要なわけだが、テラバイトクラスのデモグラフィック情報を入念に吟味して関連性を見つけ出せるほどの人間は、どれだけいることだろうか。

新しい顧客を惹きつけるのに、マーケティング担当者は、まずは既存の顧客を理解しようと努める。次に、類似のプロフィールをもつ人々をより多く見つけだし、彼らを対象にした広告やプロモーションに予算を使う。

ＡＩはこのプロセスをぐんと効率的にする。その卓越したスピードと処理能力によって、コンピュータ・アルゴリズムは顧客（または潜在顧客）のデータをはるかにすばやく取り込み、人間のアナリストには決して見つけられないようなパターンや相関関係を発見することができる。

そうしたパターンを見つけ、それが潜在見込み客の特徴であることを学ぶと、今度は、機械学習アルゴリズムは自らトレーニングを行って、同じパターンをいっそう集中して発見できるようになる。

そうした機械学習の能力は、アマゾンやグーグルの「お気に入り」ですでにおなじみだが、その利便性が明らかになるのにともなって、多くのスタートアップやセールスフォースなどの大手企業が独自のアルゴリズムを開発しはじめた。するとそこには、企業クライアントに機械学習能力を「サービス」として提供する市場が出現したのだ。

。これまで顧客対象としていなかった、潜在的購入者が明らかに

ハーレーダビッドソン・ニューヨークは、アドゴリズムのアルバート・プラットフォームを用いて顧客プロフィールを分析し、潜在的な購入者をより正確に特定した。アルバートは、顧客の購入習慣、ウェブページの閲覧箇所、サイトの閲覧時間などのデータをモニタリングし、「高価な買い物をする人」のパターンを突きとめた。

さらに、それと同じパターンをもつ人々を見つけだし、彼らを対象に市場調査を実施した。具体的には、「広告コピー」と「商品画像」のさまざまな組み合わせを提示して、「どう思うか？」とたずねたのだ。

その結果をふまえて、成功まちがいなしの広告が完成した。次に、グーグルやフェイスブック、Ｂｉｎｇなどのオンライン広告ネットワークを徹底的に調査して、[3]プロフィールにマッチする顧

客を探し、最大の効果が得られる折り紙つきの広告をその人たちに見せた。

その結果はどうだったか？

ＡＩ主導の顧客ターゲティングに移行してから、ハーレーダビッドソン・ニューヨークのリード・ジェネレーション（訳注：見込み客を獲得すること）は２９３０％上昇した。売り上げを大幅に増やした（最初の週末の売り上げは以前とくらべて倍増）ほか、それまでは売り込みを考えていなかったまったく新しいオーディエンスも開拓した。

一連の過程で、広告チャネルとしてはフェイスブックが群を抜いて効果的なことが判明した（広告のコンバージョン率がほかのチャネルの8・5倍高い）。そのためハーレーダビッドソンはそこに投入するリソースを増やす決断を下した。

もうひとつ重要なことがある。顧客の反応は、広告のなかの「購入」よりも「電話」という言葉に対するほうがはるかに——４４７％も——よかったのである。

ＡＩシステムはこの事実をリアルタイムで認識すると、異なるチャネルに掲載される広告の表現も、臨機応変に変更することができた。

ラーニングポイント

- 顧客の区分とターゲティングを自動化すれば、企業がそれまで販売対象として検討してこなかったものの、じつはすばらしい顧客になってくれるターゲット層を明らかにできる。
- 自動マーケティング・キャンペーンでは、まずテストグループを使って、顧客を惹きよせるもっとも効果的な広告アプローチを確立する。それから、同様のプロフィールをもつ数百万人を対象にそのアプローチをスケールアップしていく。
- 顧客の絞り込みと販売に特化した新世代プラットフォーム「アズアサービス」の登場は、AI活用による売り上げ増加がもはや大企業の特権ではなくなったことを証明している。

1. Statista, Harley-Davidson's worldwide motorcycle retail sales in FY 2016 and FY 2017, by country or region (in units): *https://www.statista.com/statistics/252220/worldwide-motorcycle-retail-sales-of-harley-davidson/*
2. Harvard Business Review, How Harley-Davidson Used Artificial Intelligence to Increase New York Sales Leads by 2,930%: *https://hbr.org/2017/05/how-harley-davidson-used-predictive-analytics-to-increase-new-york-sales-leads-by-2930*
3. Albert AI, Artificial Intelligence Marketing: *https://albert.ai/artificial-intelligence-marketing/*

36

ホッパー

おおざっぱな休日の予定にも柔軟に対応し、航空券の最適価格を提案する

ホッパーは、膨大な量の過去のフライト・データを利用して、「航空券購入のベスト・タイミング」を予測するモバイルアプリ・ベースのプラットフォームを提供している。アプリ・サービスの開始は2015年で、2017年の発表では1日100万ドル相当のフライト予約に利用されるまでに成長したという。ホッパーによれば、2018年には年間総売上額が10億ドルに迫る勢いを見せており、スタッフの数を倍に増やす計画だ。[1]

◦価格比較サイトとはちがう、AIの旅行代理店

あなたはいま、「週末の旅行のために最適価格のフライトを見つけたくて、価格比較サイトを検

索している」としよう。「次の週まで待てばもう少し安くなるかもしれない」と頭を悩ませるいっぽうで、「いま買わなければベスト・プライスを逃しはしまいか」という気持ちが頭をもたげてくる。こんな経験は誰にでもあるだろう。

これは、経費を抑えたくて、「仲介者」——すなわち知識豊富な旅行代理店——を旅行のプランニングから排除したために起きている問題だ。

いまになって、余計だったはずのそうした「仲介者」が、じつはきわめて重要な役割をはたしていたことがわかった。つまるところ、シーズンの特性や日々変動する航空運賃に関する彼らの専門知識のおかげで、私たちはムダな時間とお金を使わずにすんでいたのだから。

旅行代理店で人間がしていた仕事をＡＩに任せたのがホッパーのアプリだ。

ユーザが希望の旅行先とおおよその日程を入力すると、アプリが検索して最適価格を提示する。日にちや目的地の設定が柔軟であればあるほど、検索するフライトの幅が広がり、掘り出し物を見つけられる可能性が高くなる。

一見、既存の価格比較サイトの機能と大差ないようだが、ホッパーのサービスが異なるのは、ユーザに「予測結果」が知らされるところだ。ユーザはそれが最安値なのか、もう少し待ったほうが得なのか、教えてもらえるのである。

航空会社から得る航空券の販売手数料を収益源のひとつとする、あまたの価格比較サイトとの競争で、ホッパーを優位に立たせているのがこの予測モデルなのだ。

。「ローマがお望みですね？　でもミラノも魅力的ですよ」

ホッパーは、最初の予測アルゴリズムの構築と訓練に、グローバル・ディストリビューション・システム（訳注：世界中の航空会社、宿泊施設、レンタカーなどの予約・発券が可能なコンピュータ・システム）の事業者から入手したデータを使用した。

じつはここにポイントがある。大半の価格比較サイトとは異なり、リアルタイムの最新データではなく、「過去のデータ」を購入したのである。そうしたデータは概して価値が低いとみなされていたので、安価で入手することができた。

データを活用して、ホッパーは任意の時点におけるベスト・プライスだけでなく、それが需要の大小によってどう変化するかまでも学習した。数兆ものフライト情報からなる膨大な過去の記録を集めたデータベースは、世界最大の旅行情報の構造化データベースといっていい。[2]

最近では、ホッパーは自社の顧客情報によるこうしたデータの強化にも乗り出している。たとえば、顧客が住んでいる場所の近くに空港が複数あれば、アプリは自宅から少し離れた空港の便を利用することでより安価な航空券が入手できる可能性を考慮に入れる。

さらに、ユーザにとって、予定の目的地と同じくらい魅力がありそうなべつの行先を考えることもできる。たとえば、ローマ行きのフライトを検索している人は、本当はイタリアならどの都市でもいいと思っていないだろうか？——そういう可能性がありそうなユーザに、「ミラノやナポリはどうでしょう」といった検索結果を提案するのだ。

これらの結果——航空券の販売額が大幅に増加したほか、ユーザの数は2000万人を超え、ホッパーはウーバー、リフト（訳注：配車サービスを提供する米国の企業）、エアビーアンドビーに次いでダウンロード数第4位の旅行アプリに成長した。[3]

ホッパーは、世界中のユーザに「航空券を最安値で購入できるのはいつか」を95％の精度で予測できると主張する。[4] また、アプリを使って予約すれば、顧客は1回のフライトにつき平均50ドルを節約できるという。[5]

2018年2月にホッパーは、5億ドルに相当する予約の2割は、顧客が自分で入力した検索条件とは異なるフライトの販売によるものだったと述べ、旅行日程の代案を柔軟に見つけられるアルゴリズムの性能を主張した。[6]

ラーニングポイント

- 大まかな条件（「5月か6月ごろに、オーストラリアに2週間くらい」など）での検索が可能なので、ユーザはより幅広い選択肢から探せる。「大まか」でいいのが強みとなった。
- 機械学習による予測は、より安いフライトを正確に見つけ、価格比較サイトの検索につきもののイライラや、「お得な機会を逃すかもしれない」という不安を軽減してくれる。
- 古いデータの適切な活用が成長のきっかけとなった。ごくわずかなコストでより大きな価値を生みだすことができたのだ。

1. Forbes, Hopper Doubles Its Funding And Sets Sights On The Global Stage: *https://www.forbes.com/sites/christiankreznar/2018/10/03/hopper-doubles-its-funding-and-sets-sights-on-the-global-stage/#9061f6a3b39c*
2. TechCrunch, Why Travel Startup Hopper, Founded in 2007, Took So Long To "Launch": *https://techcrunch.com/2014/01/20/why-travel-startup-hopper-founded-in-2007-took-so-long-to-launch/*
3. Forbes, How The Fastest-Growing Flight-Booking App Is Using AI To Predict Your Next Vacation: *https://www.forbes.com/sites/kathleenchaykowski/2018/04/10/the-vacation-predictor-how-the-fastest-growing-flight-booking-app-is-using-ai-to-transform-travel-hopper/#76274d8923bd*
4. Hopper, Hopper Now Predicts When to Buy the Perfect Flight For You: *https://www.hopper.com/corp/announcements/hopper-now-predicts-when-to-buy-the-perfect-flight-for-you*
5. Forbes, How The Fastest-Growing Flight-Booking App Is Using AI To Predict Your Next Vacation: *https://www.forbes.com/sites/kathleenchaykowski/2018/04/10/the-vacation-predictor-how-the-fastest-growing-flight-booking-app-is-using-ai-to-transform-travel-hopper/#76274d8923bd*
6. Fast Company, Most Innovative Companies, Hopper: *https://www.fastcompany.com/company/hopper*

37

インファービジョン

患者のがんを早期発見する、疲れを知らないAI放射線医

コンピュータビジョンに強い中国企業のインファービジョンは、その専門技術で、生命を脅かす病気をこれまでよりもはるかに早期に発見することを可能にし、数百万人の命を救ってきた。

インファービジョンが利用するのは、グーグル、フェイスブックといったＡＩのパイオニア企業が開発したのと同様の、画像データの認識・解析技術だ。

同社が「世界初のＡＩ精密医療プラットフォーム」と呼ぶこの技術は、中国と日本のいくつかの病院ですでに利用されていて、まもなく世界各国でも導入されることになるだろう。

◦わずか8万人の放射線医が年間14億枚の画像を診断している

中国ではがんがおもな死亡原因のひとつで、なかでも肺がんによる死亡率がもっとも高い[1]。よく知られているように、たいていのがんは初期のうちに発見されれば生存率が大きく高まる。しかし、そのために必要な医療画像設備は高額なうえ、それを扱う医療技術者を養成するのには時間がかかる。そのため、設備も専門家もそろった都市にくらべると、地方のがん患者の生存率は一般に著しく低い。

何より、中国では医師不足が深刻で、とりわけ放射線医が足りていない。訓練を受けたわずか8万人の放射線医が、1年で14億枚もの放射線スキャン画像を診断しているのだ[2]。

グーグルの画像検索アルゴリズムが、たとえば犬や猫や世界の有名なランドマークなどの画像を見て、「これは犬」「これは猫」「これはエッフェル塔」と認識できるのとまったく同じように、インファービジョンのアルゴリズムは、患者の体内に初期段階のがんをうかがわせる画像がないかを探しだす[3]。

どんなに優秀な放射線医でも、毎日数百枚の画像を診断していれば疲労もたまり、まちがいが起きやすくなる。その点ＡＩは決して疲れないし、正確なトレーニング・データを与えればミスも誤診も少なくなる。

インファービジョンの設立者でＣＥＯのチェン・クアンはこう述べている。

「多くの中国人、とくに大都市以外で暮らす人々は、画像診断システムを使った定期的な健康診断を受けていません」。

「そのため、『最近なんだか調子が悪い』と感じてはじめて、診断ができる大きな病院に行く人がほとんどです。それではたいてい遅すぎて手の施しようがありません」。

「そこで我々は、深層学習でこうした大きな問題をなくしたいと考えました。過去のデータを学習し、より正確な診断を支援できれば、問題の解決に貢献することができます」。

医者が経験を積むように、ＡＩは学習し効率をあげていく

インファービジョンの主要なデータソースは医療画像記録、なかでも患者のレントゲンやＣＴスキャンの画像で、これまでにそれぞれにつき１０万枚を超える画像を処理している。[4]

インファービジョンが採用したのは教師あり深層学習モデルだ。これはすでに結果がわかって

いるデータセットを使ってトレーニングをする方法だが、この場合、アルゴリズムを動かす深層ニューラルネットワークに投入されるデータは、過去にがんと診断された患者の医療画像である。システムは健康な肺の画像をもとにまずは「正常な状態」の基準を定め、その範囲を外れたデータを見つけると警告を鳴らすことができる。

処理するデータ（医療画像）が増えるほど、アルゴリズムはがんの兆候がどのように現れるかをどんどん学習していく。

経験を積んだ放射線医のように。データが増えれば増えるほど、より早い段階でがんを発見できるようになり、効率が向上する。

重要なのは、このプラットフォームはMRIスキャンばかりでなく、レントゲンやCTスキャンの画像も解析できるところだ。そのおかげで、コストが大幅に抑えられて多くの人々が利用可能になった。

MRIスキャンはもっとも高額な機械のひとつであり、特別な訓練を受けた技術者による長時間の作業が必要なので、大病院にしか設備がない。地方に住む人たちがおいそれと利用できるものではないのだ。

インファービジョンは世界200以上の病院と提携し、そのテクノロジーは現在毎日2万枚のスキャン画像の解析に使用されていると発表した。

北米放射線学会医療画像リソース委員会のエリオット・シーゲルはこんなふうに語っている。「AIの利用によって従来型の医療画像は、本格的にデジタルへと移行していくでしょう。そのためには、AIと人間が協力して医療業界が抱えている問題に対処する必要があります」。「肺結節のスクリーニングでは、インファービジョンは、医師が短期間で先制医療（訳注：将来起こりやすい疾患を発症前に予測して介入する医療）を行うためのソリューションを提供しています」[5]。

その技術が肺がんの検出に有効なことを証明したのち、インファービジョンはもうひとつの大きな死因である脳卒中の初期段階にもこれを適用した。

ラーニングポイント

- コンピュータビジョンによる画像検索は、マーケティングだけに利用されているわけではない。命を救える可能性がある。
- 深層ニューラルネットワークによって、コンピュータ・アルゴリズムは、基準となる

「正常な状態」を知り、そこからどの程度外れているかに応じて、だんだんと効率よく画像分類できるようになる。

。

深層学習では古いデータから新たな価値を抽出することができる。インファービジョンのプラットフォームのトレーニングに使用されたレントゲン画像の大半は、２００３年に重症急性呼吸器症候群（ＳＡＲＳ）が発生したときに生成されたものだ。

1. World Atlas, Leading causes of death in China: *https://www.worldatlas.com/articles/leading-causes-of-death-in-china.html*
2. Forbes, How AI and Deep Learning is now used to Diagnose Cancer: *https://www.forbes.com/sites/bernardmarr/2017/05/16/how-ai-and-deep-learning-is-now-used-to-diagnose-cancer/#24e50af6c783*
3. Infervision, About Us: *http://www.infervision.com/Infer/aboutUS-en*
4. TechCrunch, Chinese startup Infervision emerges from stealth with an AI tool for diagnosing lung cancer: *https://techcrunch.com/2017/05/08/chinese-startup-infervision-emerges-from-stealth-with-an-ai-tool-for-diagnosing-lung-cancer/*
5. Digital Journal, Infervision Reaches 200-Hospital Milestone, Advances Global Medical Imaging Capabilities: *http://www.digitaljournal.com/pr/3928429*

38

マスターカード

千億ドル規模の損失をもたらす、「正常なカードの認証拒否」を減らす

マスターカードは毎年数十億件の取引を処理し、数千の銀行と数百万の企業のあいだをつなぐきわめて重要な役割をはたしている。2017年には、ネットワーク全体にAI技術を整備するため、ブライテリオンを買収した。

AI導入の狙いは、オンライン、オフラインを問わず、販売時の「意思決定」を機械学習によって自動化し、消費者が安全かつスムーズにカードで買い物ができるようにすることだ。

「このカードは使えません」「じゃあもういいです」。

「正常カードの認証拒否」とは、問題のないカード取引であるにもかかわらず「詐欺行為の疑いあ

り」とまちがって判断され、カードが利用できなくなる状況をいう。キャッシュレス化が進む世の中で（もしかするとほかに支払い手段をもたないかもしれない顧客にとって）迷惑なのはもちろん、それにより、米国の企業は年間1180億ドルの減収を被っている。実際のカード詐欺被害額の13倍もの金額だ。[1]

こうした誤検出は、消費者のブランド・ロイヤルティにも深刻な悪影響を及ぼす。マスターカードの調査では、消費者の3人にひとりが、「どう考えても正当な理由がないのにカードでの支払いを断られた」ことを理由に、その店で買うのをやめた経験があることが明らかになった。[2] 正常カードの認証拒否は高くつくやっかいな問題なのだ。

世界中で起こっている不正行為のパターンを考慮

購入時、顧客のカードの詳細情報は小売店の端末から送られてきて、発行者であるマスターカードの照合システムを通る。このとき、マスターカードは、カードの正当性を意思決定するスコアリング・システムに機械学習を適用した。[3]

正当性を判断するモデルは、マスターカードが処理する数十億の取引全部から集められたデータにより、リアルタイムで更新されている。機械学習は、カードの利用状況のデータを長期間積みあげて、「正常な行為」と、「疑わしい行為の兆候」をアルゴリズムに学習させる。

マスターカードはこのシステムを「ディシジョン・インテリジェンス」と呼ぶ。エンタープライズ・セキュリティ・ソリューション担当プレジデントのアジェイ・バラは、「ＡＩが数十億ドルにも及ぶ不正利用の検出に役立つリアルタイムのシステムを構築した」と述べている。

システムの判断はおもに取引データの記録にもとづいて行われる。また、世界中で起こっている不正行為の傾向やパターン――発生場所・時期、標的にされやすい企業のタイプ――も考慮される。さらに、これまでに蓄積された、カードを使用する人物に関する匿名化された個人データも利用される。

一部の業務にはオープンソースのＡＩソリューションを導入しているものの、重要な業務の大半には、自社およびブライテリオンが開発した独自のアルゴリズムを活用している。アルゴリズムの訓練には、教師あり（ラベルつきデータを使用）と教師なし（ラベルなしデータを使用）学習の両方の技術が利用されている。

バラによると、ネットワーク全体にＡＩプラットフォームを整備して以降、不正行為検出の成功率は3倍になり、誤検出の数がおよそ半分に減少したという。

ラーニングポイント

- リアルタイムに更新されるデータと予測モデルならば、精度が大幅に向上するので、正常カードの認証拒否を減らすことができる。ここでも大事なのは「リアルタイム」だ。
- ネットワーク全体にＡＩを導入することを決定したとき、課題となったのは人材の確保だ。マスターカードはブライテリオンなどの専門知識をもつ企業の買収によってそれを解決した。
- こういった取り組みにとって、データの質は何よりも重要である。データが不正確だったら、正常カードの認証拒否の数がさらに増えてしまいかねない。そうなると、企業に対する信頼が損なわれ、財務損失につながるおそれがある。マスターカードがおもに利用するのは自社の取引データなので、その信頼度はきわめて高いと考えられる。

1. Mastercard, MasterCard IQ Series Minimizes False Payment Declines: *https://newsroom.mastercard.com/mea/press-releases/mastercard-iq-series-minimizes-false-payment-declines/*
2. Mastercard, Decision Intelligence: *https://www.flickr.com/photos/mastercardnews/31335572915/sizes/l*
3. Mastercard, Mastercard Rolls Out Artificial Intelligence Across its Global Network: *https://newsroom.mastercard.com/press-releases/mastercard-rolls-out-artificial-intelligence-across-its-global-network/*

39

セールスフォース

「データの所有権」を明確にして、企業の顧客管理をサポートする

セールスフォースは、CRM(Customer Relationship Management 顧客関係管理)ソリューションで世界をリードするサプライヤーで、顧客関係の管理に貢献する製品とサービスの製造・販売を手がけている。

1999年の設立当時、セールスフォースはインターネット経由でソフトウェア・アズアサービス(SaaS)を提供するパイオニア企業だった。顧客が各自インストールして稼働させるソフトウェア・パッケージとは異なり、SaaSのプロバイダーは、そのサーバ上で機能するソフトウェアのアクセス権を顧客に提供して定額料金を請求する(いまでは「クラウド」と呼ばれるのが一般的になった)。

このシステムは、ベンダーにとっては継続的な収益源になる。いっぽう顧客サイドからすれば、設備の保守や更新の手間が省け、互換性の問題に対処する必要もないうえに、導入と初期設定にかかるコストを総じて減らすことができる。[1]

コグニティブ・コンピューティングやスマート・コンピューティングのプラットフォームが企業のＩＴの主流になるなか、現在セールスフォースは、同じクラウド提供モデルを活用し、顧客企業のＡＩ導入を推し進め、質の高い管理に力を貸している。

◦ますます複雑化する顧客との関係を管理するには

世界中のさまざまな地域で顧客を獲得し、保持するために、今日の企業はたいへんな努力を払わなければならない。旧式の、メールからソーシャルメディアやチャットボットにいたるまで、山ほどあるチャネルを使い分けて、顧客との関係を管理しなければならないからだ。

このような、多方面にかかわる、しかも変化の速いデータセットを処理するきわめて複雑な状況こそ、ＡＩにとっては活躍の場なのだ。

とはいえ問題もある。ゼロからＡＩインフラを構築する、つまりツールを開発し、アルゴリズムを訓練してデータを集めるのは、難しいうえに高いコストがかかるのだ。

セールスフォースは、世界で唯一のCRMの包括的AIソリューションと銘打ち、「セールスフォース・アインシュタイン」プラットフォームを企業顧客に提供している。[2]アインシュタインは、各種のクラウド型CRMソリューションで構成される、セールスフォースの「カスタマー・サクセス・プラットフォーム」に組み込まれている。

○「自社のデータを手放す不安」に、どう対応するか

ほかのAIアズアサービスのプロバイダーと同様に、セールスフォースが目指すのは「自己学習コンピューティング技術を、規模を問わずほぼすべての企業に導入する」ことだ。ところが、この目標に向けた取り組みを開始したところ、じつにめんどうな問題が浮上した。

無理からぬことなのだが、企業は自社の顧客データの提供に二の足を踏むものなのだ。たとえAIが確実な進歩をもたらすとわかっていても、はたして、すべてを自社だけで管理するわけにはいかないクラウドにデータをアップロードしてもよいものだろうか、と。

命運を左右したのが、セールスフォースのデータサイエンティストとエンジニアが考案した、

「顧客がクラウドにデータを送る必要のないソリューション」だ。

詳細は明らかにされていないが、彼らが構築したのは、実際のデータではなくメタデータで機能する機械学習アルゴリズムだ。そのため、アルゴリズム自体に実際のデータを「認識」させなくても、顧客はアインシュタインの機械学習の予測アルゴリズムでデータを処理することが可能になる。

クラウドが一般的になるにつれて、企業が二の足を踏むことは少なくなってきた。現在では、アインシュタインが提供するサービスは、販売やマーケティング、請求書の送付、財務計画の作成、コミュニティ管理、顧客サービスといったさまざまなビジネス・プロセスの処理に役立っている。アインシュタインのトレーニングには、取引記録や顧客サービスの詳細など、企業が保管している顧客関連のあらゆる情報がデータとして利用される。これには、共同作業を進めるためのツールである「チャター」などのクラウド型エンタープライズ向けサービス、Eメール、カレンダー・アプリ、ソーシャルメディアで共有される投稿や画像から集められたデータも含まれる。[3]

アインシュタインの開発により、セールスフォースは、「CRMのためのAIアズアサービス」初のプロバイダーとして地位を確保することに成功した。

セールスフォースは、アインシュタインの技術を開発するにあたって175名のデータサイエンティストからなるチームをつくり、40億ドルを投じてメタマインド、RelateIQ、BeyondCoreといったAIのスペシャリスト企業を買収した。[4]

最近になってセールスフォースは、アインシュタインに自然言語処理技術を組み込み、ユーザの音声コマンドを理解できるようにした。これにより、解析クエリの実行やCRMオブジェクトのレビューなどの一般的なタスクを、キーボードに触らずに実行することが可能になる。[5]

ラーニングポイント

- あらゆる規模の企業がAIアズアサービスという強力なツールを有効活用することで、大きな経済成長を促す可能性がある。
- CRMにもっとも効果的なアプローチを学習できる機械学習アルゴリズムにより、顧客関係を自動で、しかも効率よく管理することができる。
- セールスフォースは「データ所有権」を独自のセールスポイントとし、顧客企業が貴重な顧客データを手放すことなく、クラウド型サービスを活用できるようにした。

1. CIO, Software as a Service (SaaS) Definition and Solutions: *https://www.cio.com/article/2439006/web-services/software-as-a-service-saas-definition-and-solutions.html*
2. Salesforce, FAQ: *https://www.salesforce.com/uk/products/einstein/faq/*
3. Computer World, What is Salesforce Einstein? Latest features & pricing: *https://www.computerworlduk.com/cloud-computing/what-is-salesforce-einstein-3646520/*
4. Computer World, The biggest AI and machine learning acquisitions 2016: From Apple to Google, breaking down the AI acquisition binge: *https://www.computerworlduk.com/galleries/it-business/biggest-ai-machine-learning-acquisitions-2016-3645450/*
5. Venturebeat, Salesforce announces Einstein Voice, a voice assistant for enterprises: *https://venturebeat.com/2018/09/19/salesforce-announces-einstein-voice-a-voice-assistant-for-enterprises/*

40

ウーバー

スムーズな配車サービスで、業界のビジネスモデルに改革を起こす

ウーバーが確立したビジネスモデルの核となるのが、スマートフォンの位置情報の関連づけによるタクシードライバーと乗客のマッチングである。タクシーを待っている乗客に、従来型のタクシー会社よりもはるかに速くドライバーを割り当てることができるため、業界のビジネスモデルに劇的な変化をもたらした。

10年ほど前に設立されて以降、ウーバーはＡＩへの投資を着実に増やしている。

ウーバーは、マーケティングから配車サービスの提供というコアビジネスにいたるまで、あらゆる事業の基盤をＡＩに置く「ＡＩファースト」を最初に打ちだした企業なのだ。[1]

◦ＡＩで可能にできることが、すべて正しいわけではない

従来型のタクシー事業は、顧客の送迎効率を高めつつ、ドライバーの給与や走行コストなどの経費負担を抑えなければならないという大きな問題に直面してきた。また、ライバル企業や公共交通機関に客を奪われないためには、客の配車要請にスピーディーに対応しなければならない。そのうえ、（とくに深夜）ドライバーは暴れる酔っ払いの乗客に対応しなければならないときもある。

こうした問題のいくつかにウーバーはＡＩを活かして取り組んでいる。

ウーバーでは「サージ・プライシング」モデルにもＡＩが使われている。これは混雑時の料金を上げることで、多くのドライバーに出勤するよう促し、顧客の待ち時間を減らす仕組みだ。ホテルや航空会社、公共の交通機関は、長年こうしたテクニックで顧客需要のバランスをとってきた。もっとも混雑する時間帯や連休中に、航空券やホテルの料金が高くなるのはそういうわけだ。ウーバーのモデルが革新的なのは、最先端の予測テクノロジーを活用して価格設定をリアルタイムで調整している点だ。これによって需要と供給の変化によりうまく対応することができる。

ＡＩはマーケティングの取り組みにも活用されていて、顧客をセグメントに分けるのに機械学習アルゴリズムが使われている。ＡＩは、特定のタイプの広告キャンペーンに「反応するか／しないか」、その可能性に応じて顧客を分類する。また、キャンペーンのメッセージを「開く／開かない」の確率と、その後「会員になる／ならない」の可能性にどんな関連があるかまでも理解する。[2]

最近の特許申請によれば、顧客が酒に酔っているかどうかを予測する技術を、ウーバーが開発したことが明らかになった。その技術の活用法について、ウーバーから正式な発表はないものの、おそらく、暴言を吐く、ないしは危害を加えるほどに酩酊しているおそれのある乗客からドライバーを守ろうというのが目的だろう。

顧客が酒に酔っているかどうかを検出するための手法――機械学習を活用したユーザの状態の予測――は、顧客の歩行パターン、入力ミスやアプリの使い方のまちがいなどを、正常時の顧客行動と比較して、そこから予測を引きだす。

これに対し、顧客差別につながる、ドライバーが乗車拒否すれば顧客が危険にさらされかねない、などの批判があがっている。ＡＩが「酔っ払っている可能性がある」と予測した乗客を狙って、よからぬことをたくらむドライバーだって現れるかもしれない。

ただし、ウーバーはいまのところこの技術を導入する計画があるとはいっていない。[3] このケースは、ＡＩで何かが可能になるからといって、その「何か」が必ずしも正しいアイデアとは限らない、典型的な例といえるだろう。

◦ あらゆる要因を考慮し、正確に予測して、顧客を快適に運ぶ

ウーバーは、乗客とドライバー双方のスマートフォンのＧＰＳデータに加え、地図データも利用して、ピックアップ場所までのルートを調べ、最適なドライバーを割り当てる。サービス利用件数は数百万にのぼり、そのひとつひとつから収集されたデータは、ＡＩの学習アルゴリズムにフィードバックされる。データが集まるほどに、より正確な到着時刻の予想や待ち時間の短縮に役立てられている。

たとえば、乗客がどこかで待っているとして、交通規制や速度制限によっては、付近のべつの場所にいたほうが待ち時間を大幅に減らせる場合があるかもしれない。そのようなときは、ＡＩが場所を移動して車の到着を待つよう乗客に提案することもできるようになった。[4]

ウーバーイーツのフードデリバリー・プラットフォームにも機械学習が導入されている。ＡＩ

は、顧客に料理を届けるまでにどれくらい時間がかかるかを、可能な限り正確に予測する。そのためには、料理ができるまでに要する時間、ドライバーがレストランに行って料理を受け取れる時刻、顧客の自宅に着くまでにかかる時間をバランスよく考慮に入れている。[5]

こうしたタスクを実行するため、ウーバーは独自の機械学習プラットフォーム「ミケランジェロ」を構築した。ミケランジェロは、取引記録や顧客行動のデータすべてが記録されているデータレイク（訳注：多数のソースからの多種多様なデータを、いつでも活用できる状態で保存できる一元化された環境のこと）の管理に加えて、アルゴリズムの訓練と評価、もっとも優れたモデルの整備、予測の実行、予測のモニタリングとその有効性の確認を行う。[6]

ウーバーの最新のＡＩ研究部門「ウーバーＡＩラボ」は、２０１６年にジオメトリック・インテリジェンスの買収にともなって設立され、配車サービス以外のビジネスケースの研究に取り組んでいる。

そのなかには、自然環境の保護を目的として、セレンゲティ（訳注：タンザニアの国立公園）で撮影された写真に写る「野生動物の特定」など、ユニークなものも含まれている。

ラーニングポイント

- ウーバーは機械学習を、効率アップを図ってカスタマー・エクスペリエンスを向上することができるツールととらえている。そのため、ビジネスのどんな領域にも適用すべきだと考えている。
- ウーバーは、グーグルやフェイスブックやアマゾンなどの、世界的なＡＩ革命のキープレーヤーとの競合を目指す、「ＡＩファースト」企業として誕生した。スタートから、ＡＩありきだった。
- ウーバーは、「ＡＩにできること」はすなわち「社会に実装していいこと」とは考えていない。

1. Forbes, Uber Might Be The First AI-First Company, Which Is Why They "Don't Even Think About It Anymore": *https://www.forbes.com/sites/johnkoetsier/2018/08/22/uber-might-be-the-first-ai-first-company-which-is-why-they-dont-even-think-about-it-anymore/#49b54a165b62*
2. Techwire Asia, How does Uber use AI and ML for marketing?: *https://techwireasia.com/2018/06/how-does-uber-use-ai-and-ml-for-marketing/*
3. Independent, Uber Patent uses Artificial Intelligence to Tell if You're Drunk: *https://www.independent.co.uk/life-style/gadgets-and-tech/news/uber-patent-drunk-passenger-ai-artificial-intelligence-app-a8395086.html*
4. Tech Republic, How data and machine learning are "part of Uber's DNA": *https://www.techrepublic.com/article/how-data-and-machine-learning-are-part-of-ubers-dna/*
5. Uber Engineering, Meet Michelangelo: Uber's Machine Learning Platform: *https://eng.uber.com/michelangelo/*
6. Uber Engineering, Meet Michelangelo: Uber's Machine Learning Platform: *https://eng.uber.com/michelangelo/*

Part

5

Manufacturing, Automotive, Aerospace and Industry 4.0 Companies

製造業、自動車、航空宇宙、インダストリー4.0企業

電気自動車、自動運転車、カーシェアリングなど、いまもっとも変革のときを迎えているのは自動車業界かもしれない。それぞれの企業はもてる戦略のすべてを投入して、生き残ろうとしている。外から見ていれば、これはAI活用のモデルケースの熾烈な見本市だといえるだろう。ここで紹介するのは、各社のユースケースのほんの一部にすぎないが、この業界に注目していることで、学べることは多いはずだ。

BMW／GE／ジョンディア／コネ／ダイムラーAG／NASA／シェル／シーメンス／テスラ／ボルボ

41

BMW

お金持ちから庶民まで、個人輸送の未来形はまちがいなく自動運転車になる

ドイツの自動車メーカーBMWは、BMW、ミニ、ロールスロイスの3ブランドを展開し、年間の製造・販売台数は世界で250万台にのぼる。

いち早く新技術を取り入れることで知られ、非常に高度な機能を備えた自動車を生み出すBMWは、自動運転車の実用化を目指す競争では競合会社のダイムラーと並んでトップをひた走っている。

また、15カ国にある30以上の組み立て工場は、広範囲にわたるロジスティクス業務を担い、ダイムラーをはじめとする長年のライバル企業はもとより、テスラなどの新興のチャレンジャー企業との競争でも、優位性と収益性を維持する要となっている。

◦自動運転には60億マイルの試験走行が必要？

自動車製造は、研究開発と製造販売に毎年数十億ユーロ規模の予算が投じられるなど、巨額のコストがかかる労働集約型産業だ。

だからこそ数百億ユーロの収益をあげることができるわけだが、製造プロセスは複雑なうえに技術の変化が激しく、どこかの段階でひとたびミスが起きれば、ひどく大きな損失が出るおそれがある。自動車が市場に出まわってから不具合が見つかるような場合はなおさらだ。

しかも、世界では毎年10万人を超える人々が交通事故で命を落としている。いたずらに人命が失われるのを防ぐ対策として、自動運転車の開発が進められているが、そのためにはまず、自動運転車に車の操作方法を習熟させ、ほかの車（人間が運転するにせよ機械が運転するにせよ）とのインタラクションを理解させなければならない。

ＡＩに投資しているほとんどの企業と同様に、ＢＭＷがＡＩを導入する目的はおもに次のふたつだ。ひとつは、事業プロセス全体で自動化を図って業務を合理化し、効率を高め、新たな機会を発見すること。もうひとつは、ＡＩを組み込んで、顧客にとってさらに魅力的な製品とサービスを生みだすことである。

２０１６年にＢＭＷはＩＢＭと提携し、４台のｉ８（アイエイト）を「ワトソン」に接続した。ワトソンは、ＩＢＭのクラウドサービス「ブルーミックス」を通じて提供されるコグニティブ・コンピューティング・プラットフォームだ。ドライバーの行動を適切に把握し、システムを個人の好みに合わせて調整する方法を自動車に学習させるのが狙いだ。

集まったデータはすべてクラウドにアップロードされ、システムはそれをもとにユーザ行動に関する広大なデータベースを構築し、機械学習アルゴリズムを使ってドライバーのニーズや好みを予測することができる。

試用段階を経て、このシステムはドイツでＢＭＷの「コネクテッド・ドライブ」アプリのユーザに導入された。

このシステムを使って、たとえば、自動車の故障をより迅速かつ正確に判断することが可能になる。また、保険会社とのデータ共有に同意すれば、ドライバーは保険料の割引を受けることもできる。

ＢＭＷはインテルとも提携している。インテルはコンピュータビジョンのスペシャリスト企業モービルアイを買収したばかりだ。コンピュータビジョンは自動車の「目」となって車載カメラの画像データを分析し、周囲の状況に対応できるようにする。自動運転を可能にするためには不可欠の技術である。

撮影された画像は機械学習によって分類され、それをもとにして自動運転車は、ほかの車両や道路に飛び出してくる歩行者などにどう反応すべきかを、１０００分の1秒で決定することができる。ビデオフィードの一連の画像を解析して、事故を引き起こす物体が何かのみならず、物体までの距離、どの方向に動いているか、どれくらいの速度で移動しているか、までも判断ができる。

人間の脳は、進化の過程で学習を積み重ねて、こうしたあれこれを無意識に処理できるようになった。ある程度までなら、人間はこうした判断を下すのがとても得意なのだ。

しかしながら、わずか１００年あまりのあいだに、馬車しかなかった時代から時速１００キロの自動車が走る時代へと技術は進歩した。このスピードに、生物の自然な進化は追いつけていない。ゆえに、交通事故で多くの人の命が犠牲になっているのだ。

コンピュータが動かす車なら、そうした不幸な出来事が起こる可能性はぐんと低くなるだろう。

ただし問題はある。自動運転システムを開発するためには、路上で遭遇しうるあらゆる状況に対応できるよう車を訓練しなければならない。そのためには膨大な量のデータが必要なのだ。BMWアイベンチャーズのサム・ファンによれば、自動運転システムを十分に訓練するためには約60億マイル走行する必要があるという。

60億マイルとは途方もない距離だ。しかし、訓練走行は必ずしも「現実の世界」で実施しなければならないとは限らない。BMWはそこにソリューションを見出した。

そこでBMWは、1億ユーロを投資してドイツのミュンヘンに世界最先端の運転シミュレーション・センターの建設を決めた。BMWが「実験室が道路になる」と表現するこの新しい施設によって、自動運転車の訓練に必要なデータを、より迅速に、より低コストで、より安全に集めることが可能になるはずだ。

◦ロールスに搭載される「AIお抱え運転手」

日常生活の一部になるのはまだ数年先のことだろうが、BMWは研究の成果として、AIによる運転支援車や自律走行車（訳注：欧州のガイドラインは、ドライバーが同乗して監視するシステムを「自動運転」、完全に無人の自動運転を「自律運転」と定義している）のコンセプト・モデルをいくつか明らかにしている。

なかでも大金持ちの興味を惹きそうなのが、ＡＩ「エレノア」により制御されるコンセプト・カー「ロールスロイス１０３ＥＸ」だ。エレノアの名は、ロールスの有名な先端部分のオーナメント「スピリット・オブ・エクスタシー」のモチーフとなった女優にちなんでつけられた。ブランドイメージ同様、エレノアはほかのコネクテッド・カーに使われているようなたんなるＡＩアシスタントではなく、「ＡＩお抱え運転手」と呼ぶのがふさわしい。ＬＥＤプロジェクターで「レッドカーペット」を映し、乗り降りに上品なスタイルを演出できる機能まであるくらいだ。

エレノアは一部の人たちのお楽しみとして、おそらく多くの人々にとって手が届きやすいのは、カーシェアリングがますます生活に浸透してくる未来に向けて設計された、ロールスロイス・ミニの「ヴィジョンネクスト１００」だろう。ヴィジョンネクスト１００のＡＩ技術は、さまざまな車両を運転してきた多数のドライバーを認識して、それぞれの好みに合わせるようになっている。乗り終えた自動車はサービスハブまで自律走行し、そこで清掃されて次のユーザに提供される。

また、同時に発表されたミニの自動運転コンセプト・カーは、スマートフォンなどのコネクテッド・デバイスと同じように、消費者の生活にシームレスにかかわる製品となることを目指している。

ＡＩは製造業務でも活用されている。

設計、生産、ロジスティクス、販売、保守の各部門からデータが集められ、ＢＭＷはテラデータ（訳注：本社を米国にもつ国際的なコンピュータ企業）と協力して業務上の意思決定を自動化している。そのシステムによって、部品がいつ製造され、いつ車両に取りつけられたかにはじまり、車がいつ販売されたかにいたるまで、どの段階でも追跡管理することが可能になった。

これはロジスティクスの効率向上と、必要なとき必要な場所に必要なすべての部品を確保するのに役立っている。生産ラインは予知保全を実行したうえで稼働しているので、摩耗した機械部品は故障する前に交換され、さらなる効率アップにつながっている。

ラーニングポイント

- すべての大手自動車メーカーは、自動運転車を個人輸送の未来形ととらえている。
- AIを導入し、道路環境を予測し、突発的な事態に対応できるようになれば、未来の自動運転車はより安全でより効率的になるだろう。突発的な出来事への対応に、

AIは優れた力を発揮する。

自動運転車が一般的になる前に、AIバーチャルアシスタントの手動運転車への導入が大幅に進み、車の操作やインタラクションの方法が変わる可能性がある。技術の進歩の「過程」もまた、AIによって埋められるのだ。

出典

BMW, Driving Simulation Centre: *https://www.press.bmwgroup.com/global/article/detail/T0284380EN/bmw-group-builds-new-driving-simulation-centre-in-munich*

BMW investing in AI - Interview with Sam Huang of BMW iVentures: *https://www.cognilytica.com/2017/11/15/ai-today-podcast-011-bmw-investing-ai-interview-sam-huang-bmw-iventures/*

42

GE

「エネルギーのインターネット」構築を目指し、未来の電力産業を担う

トーマス・エジソンによって設立されたGEは今日、電力、製造、医療、航空、石油、ガス、金融部門でグローバルに事業を展開している。世界の電気の30％はGEパワーのタービンと発電機により供給されている。[1] あらゆる点で、エネルギー産業はエジソンが18世紀に設定した基本的構想に従ってきたのだ。

現在、「データ主導のデジタル革命」と「持続可能なエネルギー源への転換」というふたつのプレッシャーが相まって、業界には独自の問題がいくつか発生している。問題解決は機会の創出につながる。そこでGEは、5年の年月と10億ドルの経費をかけて、[2] 工業会社から生まれ変わることを決意した。新業態は、自ら学習するスマート発電と、それにフォーカ

スしたソフトウェアならびに解析サービスの提供だ。

◦ 発電効率のムダをAIが徹底的にあぶりだす

世界人口の増加と工業化の進展によって、いまや電力需要はかつてないほどに高まっている。今後、途上国でも工業化が進むにつれて、その需要は増えるばかりだろう。同時に、環境への配慮から、よりクリーンで安全なエネルギー源を見つける必要性も高まっている。風力、太陽光、潮汐エネルギーは、将来のエネルギー・ニーズを満たすうえで大きな役割をはたすと期待されている。

増えるいっぽうの電力需要に対して、GEでは、ビッグデータ、機械学習、予測解析を活用し、現代の発電所業務にかかるストレスや、発電時における効率向上の理解を深めている。

その結果、機械学習などの実装により、需要の変化にすばやく対応することができずに停止されていたイタリア、キバッソの発電所を、以前の半分の環境フットプリント（訳注：人間の活動によって消費される資源量を分析・評価する手法のひとつ。人間ひとりが持続可能な生活を送るのに必要な陸地と水域の面積として示される）で再稼働することができた。[3]

また、発電所中のありとあらゆる機器から集められたセンサー・データは、機械学習アルゴリズムにより解析され、最適な運転パラメーターを特定し、それまで見逃されていた非効率を引き起こしている問題をあぶりだすことができた。

このような「デジタル発電所」では、需要の変化が見込まれるときは、最適な稼働状況を整えて、発電量を増やすなり減らすなりして対応ができる。さらに、予知保全によって大きな問題になるまえに不具合を修正することもできるのだ。

○発電所をネットワークでつなぎ、全体像をつかむ

GEが目指す「エネルギーのインターネット」の核となるのが、インダストリアル・インターネット・プラットフォームの「プレディックス」だ。これによりGEは、石炭、ガス、原子力から風力、太陽光にいたるまで、顧客である世界中の発電所をネットワークでつなぎ、エネルギー生産の全体像をつかむことが可能になる。

一般的な発電所に1万を超えるセンサーを設置し、業務のすべてを監視して、プレディックス

は、1日におよそ2テラバイトのデータを生成する。[4] プレディックスはGEが製造・販売した機械だけでなく、発電所内にあるどの機械のセンサー・データも読み取れるよう設計されている。

そうしたデータを活用し、GEは「デジタル・ツイン」のコンセプト――「仮想空間」＝発電事業のあらゆる要素をコンピュータ・シミュレーションにかけて、「現実世界」＝天気の変化といった要因にどのような影響を受けるかを明らかにし、予測を可能にする――を先駆けて導入した。

デジタル・ツインによって、米国の発電所ネットワークにプレディックス・システムをインストールしているエクセロンなどの発電所事業者[5]は、稼働状況に影響を及ぼし得る要因をより正確につかみ発電予測をすることができるようになった。たとえば、天気の変化状況がわかれば、太陽光発電所の効率が低くなるタイミングがシミュレーションできて、代わってガス火力発電所の発電量を増やす時期がいつなのかを知ることができる。

発電を融通するには、エネルギーがインターネットでつながっている必要があるのだ。

GEパワーのチーフ・デジタル・オフィサー、ガネッシュ・ベルはこんなふうに語っている。「我々は、計画外のダウンタイムを5%、誤検出を75%、業務と保守管理の費用を25%減らしました。こうした結果が積み重なって、重要な価値が生まれるのです」。

ラーニングポイント

- 電力産業はその出力を今後20年間で約50%増やす必要があるが、そのいっぽうで、カーボンフットプリントを50%削減しなければならない。[6] 最先端のＡＩ解析がこの目標の実現に寄与するだろう。
- 地域におけるエネルギー需要の山と谷をより正確に予測すれば、効率は向上しムダが減る。
- いまではどんな機械もほぼ例外なくクラウドに接続してデータを生成することが可能だ。しかし本当の価値は、そのデータをどう解釈し、どうやってそこから知見を引きだすかを学習することにある。

1. GE, GE Reports: *https://www.ge.com/reports/energy/*
2. GE, Waking Up as a Software and Analytics Company: *https://www.ge.com/digital/blog/waking-up-software-analytics-company-building-intelligence-machines-systems*
3. GE, Breathing new life into old assets: *https://www.ge.com/power/case-studies/chivasso#*
4. Fool.com, 3 Ways General Electric and Exelon Are Cashing in on Digital: *https://www.fool.com/investing/2016/12/22/2-ways-ge-is-making-digital-indispensible.aspx*
5. GE, The Internet Of Electricity: GE And Exelon Are Crunching Data Generated By Power Plants: *https://www.ge.com/digital/blog/internet-electricity-ge-and-exelon-are-crunching-data-generated-power-plants*
6. Fool.com, 3 Ways General Electric and Exelon Are Cashing in on Digital: *https://www.fool.com/investing/2016/12/22/2-ways-ge-is-making-digital-indispensible.aspx*

43

ジョンディア

農業が抱える課題を解決し、世界のすべての人たちに食糧を

もともと小さな町の鍛冶職人が興した工具製造業者だったジョンディアは、150年あまりたったいまでは、世界有数の農業・工業機械のメーカーでありサプライヤーである。

20世紀初頭には農業用具を機械化するガソリン・エンジンを開発し、1990年代後半には自動化を進めるためのGPS技術に投資するなど、ジョンディアはつねに革新的なテクノロジーを積極的に取り入れてきた。[1]

この10年で、ジョンディアはテクノロジー企業へと大きく変貌を遂げた。「データ・アズアサービス」を販売し、農家がより多くの情報にもとづく判断を下せるようにしたのだ。また、自動運転トラクター[2]、インテリジェント・センサーとソフトウェア、さらには農業用

ドローンも提供している。[3]

人口は増え続けるが、農業に適した土地はどんどんせまくなる

世界の人口は現在およそ75億人で、2050年には90億人を超えるまでに増加すると予想されている。[4] 国連の食糧農業機関が明らかにした試算では、地球の全人口を養うには食料生産量を70%増やさなければならない。

ところが、都市化の進行や気候変動、耕作地の劣化によって、農業に適した土地は年々減少していくとみられているのだ。

そこで重要になってくるのが限られた土地の有効利用である。となれば化学肥料や農薬の使用量は増えることになるが、無計画な土壌改良には環境上のリスクがあるうえに、過剰な使用は人間の健康に直接害をもたらすおそれがある。

つまり、農薬は可能な限り効率よく、正しく使用する必要があるというわけだ。

ジョンディアは、除草剤や殺虫剤などの使用量を極力抑えるため、機械学習技術の開発に取り組

んできた。この技術によって、使用区域における農薬の影響を最小限に抑えることが可能になるだけでなく、農薬製造時のエネルギー使用量をも低減できる。地域の河川や水路の汚染流出を防ぐと同時に、最適レベルの食料生産量を確保できるのだ。

◦ 世界の農薬散布量を、最大で90%削減

ジョンディアが利用するのは、2017年に買収したブルー・リバー・テクノロジーが開発した技術だ。[5] コンピュータビジョンによって、病害虫被害のおそれがある作物を検出するほか、被害を受けた作物に農薬をピンポイントに散布しつつ、ほかの作物にはかからないように制御するロボットを活用している。

買収されるまえから、ブルー・リバー・テクノロジーは作物写真の膨大なデータベースを構築していた。写真をもとに、「病害虫の被害を受けている作物はどれか」「病害虫がいない健康な作物はどれか」を判断するのは、コンピュータビジョンのアルゴリズムだ。

このアルゴリズムによって、畑での作業中でも、リアルタイムで判断ができるセンサーが農業機械に取りつけられた。農業機械が自動で作物の写真を撮影し、それが健康な作物かそうでないかを

分類するのだ。

従来型の大規模農業では、農薬散布の判断は畑ごとになされていた。化学物質の使用が著しく非効率的で、「必要なのはごくせまい区域だけだったのに」というケースもめずらしくなかった。

ブルー・リバー・テクノロジーのような、的を絞ったアプローチは「精密農業」として知られるようになったが、これは機械学習とコンピュータビジョンがあってこそ実現できたものなのだ。

以前からジョンディアは、最先端のＡＩ企業として優位に立つために、数々の取り組みを実施してきた。

たとえば、農家がいつどこに作物を植えればいいかをデータにもとづき判断する「ファームサイト」[6]というサービスも提供している。

ファームサイトでは世界中の農家から収集されたデータがクラウドソース化され、サブスクリプション方式で販売されている。システムは、温度、土壌の水分量、気候データ、日照その他の要因にもとづいて知見を集め、最大の収穫量を得るためにいつ、どこに作物を植えればいいかといった農家の意思決定に役立てる。

ブルー・リバー・テクノロジーの新技術担当ディレクター、ウィリー・ペルは、彼らの精密農業システムにより、世界中の農家の農薬散布量を最大で90％削減できる可能性があるという[7]。それが実現すれば、有害な化学物質が引き起こす汚染を低減し、人間や動物の健康に及ぼす影響を大幅に減らせるはずである。

農家の作物収穫量も増え、利用可能な農地の減少と、増加の一途をたどる人口への食料供給問題の解決にも寄与するだろう。

ラーニングポイント

- 高度なＡＩ技術が、増加を続ける世界人口に十分な食料を供給するための解決策となるだろう。ＡＩは世界規模の大きな問題を解決するのを得意とする。
- 精密農業技術は、従来の農薬「大量」散布を「ピンポイント」に絞り込むことに成功した。
- 農業の自動化の取り組みはこれまでも行われてきたが、自動システムと最先端のセンサーおよび意思決定技術の「組み合わせ」は新しかった。組み合わせの創意は新しい道を切り拓くのに役立っている。

1. Lightreading, John Deere Bets the Farm on AI, IoT: *https://www.lightreading.com/enterprise-cloud/machine-learning-and-ai/john-deere-bets-the-farm-on-ai-iot/a/d-id/741284*
2. NASA, How NASA and John Deere Helped Tractors Drive Themselves: *https://www.nasa.gov/feature/directorates/spacetech/spinoff/johndeere*
3. Sentera, *https://sentera.com/johndeere/*
4. United Nations, World Population Prospects: Key Findings: *https://esa.un.org/unpd/wpp/Publications/Files/WPP2017_KeyFindings.pdf*
5. John Deere, Deere to Advance Machine Learning Capabilities in Acquisition of Blue River Technology: *https://www.deere.com/en/our-company/news-and-announcements/news-releases/2017/corporate/2017sep06-blue-river-technology/*
6. John Deere, Farmsight: *http://www.deere.com/en_US/docs/agriculture/farmsight/jdfarmsight_faq.pdf*
7. Wired, Why John Deere just spent $305 million on a lettuce farming robot: *https://www.wired.com/story/why-john-deere-just-spent-dollar305-million-on-a-lettuce-farming-robot/*

44

コネ

100万台のエレベーター・エスカレーターをクラウドにつなぎ、都市生活者の動きを円滑に

エレベーターとエスカレーターのエンジニアリング・保守整備を行うコネは、フィンランドに本社をもち、世界で110万基のエレベーターを取り扱っている。

コネは「円滑な都市生活」をミッションに掲げ、ロンドンのヒースロー空港だけで1035台のエスカレーター、エレベーター、動く歩道を設置し、毎日19万1000人を運んでいる。

2017年には世界中に設置されたあまたの機械から収集したデータの測定・解析を目指す大規模なデータ主導プログラムを発表した。集められた情報は機械学習アルゴリズムにより処理されて、ほかの事業者やメンテナンス会社に提供されている。

◦ネットワークを駆使して、もっとも効率よく人を運ぶ

エレベーターやエスカレーター設備には、多数の複雑なシステムに、きわめて多くの稼働部品が使用されている。故障したり機能が停止したりすれば、何千人もの人々が遅延の影響を受けてしまう。

したがって、何らかの不具合が起きてから措置を講じるのでは遅いのだ。交換部品が調達されて必要な場所に運ばれるのを待たなければならず、ダウンタイムはさらに伸びて効率はいっそう悪化する。

また、大型のビルなどで人を運ぶさまざまな設備を調整するのは、想像するよりも難しいタスクだ。誰かがエレベーターの呼び出しボタン「上」を押したら、システムはどの機械がもっとも対応しやすい場所にあるかを判断しなければならない。それは必ずしもいちばん近くにあるエレベーターとは限らない。すでに満員かもしれない。反対方向の「下」に向かっているかもしれない。

ネットワーク機器と接続されていない従来型のエレベーターでは、乗客の待ち時間が必要以上に長かった。

○エレベーターの待ち時間は、確実に減っている

コネが機械の自動運転トレーニングを開始したのは1980年代後半のことだ。エレベーター・システムのマイクロプロセッサー制御が標準になりはじめたころで、プロセッサーは、各階で待つ乗客の平均人数を推定し、先を予測してエレベーターの動きを調整するよう設計された。

現在、コネは100万台以上のエスカレーターとエレベーターをクラウドにつないでいる。それらには、各フロアを「出発する／到着する」エレベーターの「起動／停止」の頻度から、加速、温度、ノイズのレベルや、ケーブルを通して伝わる振動の回数まで、あらゆることが検出できるセンサーが取りつけられている。

コネのヘンリック・エーンルートCEOは次のように話す。

「私たちがエレベーターとエスカレーターをクラウドに接続しているのは、たくさんのデータを関連づけて、お客様に重要な価値を提供することができるからです」。

「ビル管理では、つねに状況をしっかり把握しておくことが重要です。何が起きているだろう。設

備の動きはどうだろう。人々がビル内を移動する様子はどうだろう、とね」。

機械学習アルゴリズムはこうしたデータをもれなく活用して、エレベーターやエスカレーターがいつ故障する可能性があるのか「理解」を積み重ねていく。そうすることで、メンテナンス作業を効率よく計画し、交換部品を、必要なときに必要な場所へ用意できるようになるのだ。コネのシステムを使用してエンジニアリングおよび保守整備をする企業は、機械の動作をより正しく理解し、故障や不具合をより正確に予測できるようになった。

もちろんエンジニアだけではなく、毎日の移動に設備を利用する数百万の人たちにとっても、このシステムはムダな時間とエネルギーを減らしてくれる。

たとえば、1日の特定の時間帯の混雑具合を学習して、乗客を乗せるために各フロアに停止する時間を調整する。こういった動作によって、システムは乗客のイライラを人知れず減らしているのだ。

ラーニングポイント

- ビルが巨大化し人口が増えれば、円滑な都市生活を確保するために、人を運ぶシステムの効率アップは不可欠になる。大量の移動というタスクを効率よくさばくのにＡＩは適役だ。
- コネはデータ・プロバイダーになることで「データ時代」がもたらす主要な機会をうまく活かしてきた。
- コネは、自社のデータをパッケージ化して他の企業に販売し、収益増に成功している。コネは、自社のデータが効率を高められる、価値の高いものであることを知っているのだ。

出典

Forbes, Internet Of Things And Machine Learning: Ever Wondered What Machines Are Saying To Each Other?: *https://www.forbes.com/sites/bernardmarr/2017/02/21/how-ai-and-real-time-machine-data-helps-kone-move-millions-of-people-a-day/#5a69c1365f97*

A billion people a day. Millions of elevators. No room for downtime.): *https://www.ibm.com/watson/stories/kone/*

QZ.com, Listen to internet-connected elevators talk about how their day's going: *https://qz.com/910593/listen-to-internet-connected-elevators-talk-about-how-their-days-going/*

KONE: Benefitting from machine learning and connected machinery): *https://www.bernardmarr.com/default.asp?contentID=694*

45

ダイムラーAG

従来型モデルからの脱却を図り、未来を見据え 個人輸送の概念を一新する

ダイムラーAGはメルセデスベンツやスマートといったブランドを傘下にもつドイツ企業だ。1926年に前身企業の合併によりダイムラーベンツAGが誕生して以降、長年にわたって高級車、大衆車、トラック、バスの製造を続けている。いまでは精密に設計された自動車で名高いほか、第四次産業革命テクノロジーに多額の投資をしている。

機械学習はこうした変革のあらゆる側面に不可欠な役割をはたし、プロセスを合理化してムダを省き、多くの要素からヒューマンエラーを排除するのに一役買っている。

。運転はより安全に、快適に、ラグジュアリーに

従来型モデルに固執している自動車製造業者が面食らい、頭を悩ませているのは、個人輸送手段の利用方法の変化だ。都市部ではとくに、自動車の所有をやめてライドシェアや公共の交通機関を利用する傾向がみられるが、これが顧客基盤の縮小を招いている。

そうした変化の要因として考えられるのが、環境問題に対する意識の高まりと、個人で車を所有するには適さなくなっている都市生活の状況だ。

ダイムラー・トラックは、世界初となる自動運転の重量物運搬車「フューチャー・トラック2025」を公開した。乗員が乗るキャビンはまだついているものの、完全な自律走行が可能で、同社によると道路上での安全性を向上し、さらに燃料費を削減するという。

個人向け自動車に関しては、メルセデスベンツもまた、車載AI「メルセデスベンツ・ユーザ・エクスペリエンス」（MBUX）の開発に資金を投じてきた。MBUXは、目的地を予測したり、ナビゲーション・システムを自動で起動させたりするほか、たとえばドライバーが「今日は暑いな」といえば、間接的なコマンドとしてそれを検知し、クライメイト・コントロール（冷暖房力、風量調整など、温度を自動的に独立して調整するシステム）をオンにするといったタスクを実行できる。

これによって、ドライバーは走行中にしなければならない運転以外の行為――しばしば集中力を妨げる――から解放される。

さらにメルセデスベンツは、未来の自動運転車「ラグジュアリー・イン・モーション」を発表している。その広々とした優雅な内装は、車のキャビンというよりはホテルのラウンジのような雰囲気で、そこに乗るエグゼクティブやＶＩＰは充実した移動時間をすごし、目的地に到着するころには気分をすっかりリフレッシュすることができる。

ラグジュアリー・イン・モーションのコンセプトは「動く生活空間」を提供し、個人輸送の概念を一新することだ。

◦都市上空を、ドローン・タクシーが飛び交う

自動化への注力は「運転」だけではない。自動車の設計や製造、販売にまで広がっている。カメラ、センサー、モノのインターネット技術により、メルセデスベンツは在庫の状況や機械の稼働効率をリアルタイムで把握できるようになった。つまり、大量生産を維持しながら、顧客の具体的な希望に合わせて自動車を製造することができるのである。

そうしたカスタムメイドの車を発注する顧客向けに、メルセデスベンツは「メルセデス・ミー」

アプリを介して「ジョイフル・アンティシペーション」と呼ばれる機能を提供している。これは、購入者が自分のオーダーした車の製造プロセスの進行状況をリアルタイムで追跡管理することができるサービスだ。

また、営業、販売サイドでは、ダイムラーは、理想の車を路上で見つけた潜在顧客に、「カー・ディテクション」アプリを利用して写真を撮るよう促している。画像は画像認識アルゴリズムを使って解析され、潜在顧客に正確な車種や仕様が伝えられる。もちろん、それを購入できる地域の販売店の情報もだ。

交通手段の変化について、ダイムラーは「この先、自動車は個人で所有するものではなくなるのではないか」と考えている。

ライドシェアリング・サービスを提供するマイタクシーの株式を60%取得し、自動車リース企業アスロンを買収した背景には、そうした見通しがあることはまちがいない。

未来を見据え、航空産業にも注目しているダイムラーは、ドバイではじまった世界初のドローン・タクシー・サービスを展開する計画に協力している。2017年にドイツ企業ボロコプターが、アラブ首長国連邦ドバイ皇太子シェイク・ハムダン・ビン・モハメッドを載せたドローンを砂漠上で5分間飛行させることに成功したが、ダイムラーはこの企業に2500万ポンドを投資した。自律飛行するドローンは、機械学習を利用して、ほかの飛行物体を避けて安全に航行し、フライト中の気候状況の変動にも対応する。

ダイムラーのAIプロジェクトの大半が実験段階、あるいは試作品段階なので、これまでにどの程度奏功したかを証明するデータはほとんどない。しかし、全社をあげてインテリジェントな自己学習テクノロジーに注力していることからも、ダイムラーが自動化の進む未来に目を向けているのは明白だ。

フューチャー・トラック2025などの自動運転トラックには安全性を向上できる可能性があるし、ボロコプターのような大胆な取り組みは、もはや打つ手のなかった都市の道路の混雑緩和に役立つかもしれない。

ラーニングポイント

- メルセデスは伝統的な自動車メーカーから、データ重視のテクノロジー企業へと変化している。BMWやトヨタのみならず、グーグルやアップルがその競合相手になる日は遠くないだろう。

AIの導入と自動化をリードする企業は、それらの適用範囲を個々の業務だけに限定しない。設計、販売、修理にいたる会社全体の業務にテクノロジーを実装してこそ意味がある。

自動車メーカーは画一的な生産ラインから、カスタムメイド製品を大量生産と同じ効率で製造できる設備構築にシフトしている。AIがそれにともなう課題を克服したから拓けた道だ。

出典

Business Insider, MBUX: *http://uk.businessinsider.com/mercedes-building-its-own-ai-powered-voice-assistant-for-the-car-2018-1?r=US&IR=T*

Production is becoming smart. Industry 4.0 and the networked factory: *https://www.daimler.com/innovation/case/connectivity/industrie-4-0.html*

46

NASA

はるかかなたの火星や深宇宙でも、探査機は自分で考え 自分で判断する

アメリカ航空宇宙局（NASA）は、2020年新たに火星探査機を打ち上げた。

1997年にソジャーナがはじめて着陸に成功して以降、NASAはこれまでに4機のローバー（探査機）を火星に送ってきた。前回の打ち上げは2011年のキュリオシティだ。当時にくらべAI技術は格段に進化しているので、パーサヴィアランスと名づけられた2020年の火星探査機は、もっとも自動化が進んだインテリジェントなものになるだろう。

その主たる目的は、火星にかつて生物が存在していた痕跡を探ることにある。

さらに、冥王星に送られたニューホライズンズや、太陽系外を飛行したボイジャーなど、NASAの深宇宙探査機は人間がつくりだしたどの物体よりも地球から遠く離れた場所に行き、そ

こからデータを送り続け、人間が暮らす宇宙に関する理解を深めるのに寄与している。

予想外のことに気づくために、「正常」を把握しておく

宇宙探査にとって最大の障害のひとつが、情報を地球に送るのに利用できる帯域幅が限られていることだ。通信速度はいまでもメガビット毎秒規模であるため、地球までの距離を考えれば、データの送信には非常に時間がかかるのだ。

そのため、無人探査機と人間の交信が長時間途絶えることは往々にしてある。太陽系を広範囲に探査する場合はなおのことだ。

だから、「地球のオペレーターにとってどの情報が重要か？」を、探査機が自由意志で判断する能力がどうしても不可欠なのだ。

もうひとつ、宇宙船を動かすのに利用できる電力量に制限があるのも大きな障害だ。

惑星探査機が航行するのは充電基地から遠く、深宇宙探査機であれば太陽光エネルギーの源である太陽からはるかに遠い場所なので、電力使用量を慎重に予測し、管理しなければならない。もし

も遠い惑星上で、あるいは広大な宇宙空間で電力が切れれば、数十億ドルをかけて建造した宇宙船が、ただの金属とプラスチックと電気回路の塊と化してしまう。ましてや、それが有人宇宙探査機だったら？　とりかえしのつかないことになりかねず、あとに続く宇宙探査計画にも、大きな影を落とすことになるだろう。

深宇宙探査機であれ惑星探査機であれ惑星着陸機であれ、宇宙船にはいくつものセンサーが取りつけられていて、あらゆる情報を感知できるうる限り記録している。それは、ＡＩが貴重な情報（あ！ＵＦＯだ！）を見逃さないようにするためではない――現実はその逆だ。広大な宇宙の大部分は何もない空間で、惑星表面にいまのところ生物はおらず、不活性物質で占められている。

ＡＩはむしろ、ふだんの状態を完璧に把握するためにセンサーを働かせている。それは、突発的に起こる、興味深い、通常と異なる、めずらしい情報を見つけやすくするためだ。「いつもとはちがう」異常を示すデータを即座に認識できるように、宇宙探査機をトレーニングするのがＮＡＳＡのＡＩのおもな仕事なのだ。

「予測していなかったというだけで、何かを見逃したくありません」。そう話すのは、ＮＡＳＡジェット推進研究所の主席データサイエンティスト、キリ・ワグスタッフだ。

「宇宙船には、『そこでは当然である』という状態を、予測できるように教えます。事前に豊富な知識を身につけて、正常性とはどういうことか、想定しておくべきモデルを確立するのです。いざ未知の場所に出かけたときに、宇宙船がさまざまな観察にもとづいて『そこでは正常な状態である』というモデルを構築していれば、予想外のことが突如起こった場合にそれを認識できます」。

スマート・システムは、火星探査機の電力使用量を注意深く監視し、「エネルギー使用量がもっとも多いシステムはどれか」を確認する。そして、「放射性同位体熱電気転換器（訳注：放射性物質の崩壊熱から電力を取り出す発電機）や太陽光発電機の負担を軽くするために、特定の時間だけ停止できるシステムはどれか」を判断している。

エネルギー使用量のデータと、移動や測定といった「宇宙船の行動計画」とをリアルタイムで関連づけ、探査機を動かすのに必要な100ワットの電力をいつでも利用可能にしておくのだ。さらにこの100ワットをどうすれば効率よく使えるかも、徹底して検討している。

○調査する「価値があるのはどこか？」自律的に判断する

自動意思決定システムが搭載されていなかった時代、探査機による火星ミッションでは、センサーにより集められた情報が地球に届くのに24分、その情報をふまえて地球で決定された指示が火星に届くまでにさらに24分かかっていた。深宇宙探査機の場合は、当然もっと長い時間を要することになる。

ＡＩシステムを実装したことで、探査機は情報の収集とほぼ同時に行動を起こせるようになった。「調査する価値があるのはどの場所か?」を探査機自体が判断できるようになったのだ。惑星探査宇宙船と地球のオペレーション・センターの稼働にかかる莫大な費用を考えれば、この進歩は非常に大きい。

ＡＩシステムによってより実り多いミッションが実現し、「最後のフロンティア」である宇宙についての理解が深まるはずである。

探査機キュリオシティに搭載されたデータ駆動型のスマート解析エンジンは、火星がかつて生活に適した環境であったことを実証するのに役立った。２０２０年に打ち上げられたパーサヴィアランスは、最初からこのテクノロジーを基盤として構築されている。

きっと、生命体が火星にいたかどうかを解明するミッションなどで成果をあげることになるだろう。

1970年代から、NASAは身体を使った作業ができる人型ロボットの開発を進めてきた。NASAが現在使用しているのは、大気圏外の危険な環境のもとで、複雑で専門的な作業をする人間に力を貸してくれる「ロボノート2」だ。ロボノート2は、AIによる画像認識技術が組み込まれた、モジュール式の人型ロボットである。

ゼネラルモーターズとの共同開発によって誕生したロボノート2の、手先の器用さはほとんど人間並みだ。2011年には国際宇宙ステーションに送りこまれ、宇宙に降り立った初の人型ロボットになった。以降改良が続けられ、いまでは身体を使った、危険な反復作業を数多くこなすことができる。

今後は、地球からやってくる人間のために、彼らに適した環境を整えておくタスクを任されて、たとえば火星へのミッションの先導者などを務める計画だ。

このテクノロジーはライセンス供与されているため、ほかの企業も利用可能で、NASAはロジスティクス、製造、工業、医療など幅広い分野の業務に応用できると強調している。

ラーニングポイント

- NASAは宇宙探査の課題解決にAIを活用するパイオニアだ。たとえ未知の環境であっても、AIは実力を示した。
- 宇宙探査によって膨大な量のデータが生成されるが、どのデータに地球に送る価値があるか、どのデータを無視していいか、自律型機械は効率的に判断する。AIには膨大なデータの選択を任せてしまえる。
- 宇宙探査のために開発されたテクノロジーは、たいてい地球でも役に立つ。それらをライセンス提供すれば、宇宙におけるテクノロジーの開発や、導入にかかる莫大な資金を集める力になる。

出典

NASA, A.I. Will Prepare Robots for the Unknown: *https://mars.nasa.gov/news/2884/ai-will-prepare-robots-for-the-unknown/*

NASA, Towards Autonomous Operation of Robonaut 2, Julia M. Badger, Stephen W. Hart and J.D. Yamokoski: *https://ntrs.nasa.gov/archive/nasa/casi.ntrs.nasa.gov/20110024047.pdf*

NASA, Robonaut 2 Technology Suite Offers Opportunities in Vast Range of Industries: *https://robonaut.jsc.nasa.gov/R2/*

47

シェル

巨大燃料サプライチェーンは、エネルギー転換に挑み 新たな収益を生みだす

もともと貝殻を売る店だったロイヤルダッチシェルは、2018年には収益で世界第5位の企業に成長した。[1] その業務活動は燃料サプライチェーン全体にまたがる。シェルは石油、ガス、バイオ燃料、風力、太陽光を含む、エンドツーエンドの燃料生産——探査、採掘、精製、小売——の世界のトップ企業である。

いまシェルが直面している大きな課題は、化石燃料からよりクリーンなエネルギー源へのエネルギー転換だ。とはいえ再生可能エネルギーは、現代の私たちの快適な生活水準を維持するのに必要なエネルギーを依然として供給できていない。

そうした課題をクリアするのが、燃料サプライチェーンビジネス全体へのＡＩの導入だ。シェル

は、化石燃料採掘の効率向上と、再生可能エネルギーの増産の両方を実現させるべく、スマート技術によるソリューションの開発に取り組んでいる。

○電気自動車を走らせるために、化石燃料を使うなんて？

この先、電気自動車のいっそうの普及が見込まれ、内燃機関の利用が見直されている。そのことが気候変動目標の達成に重要な意味をもつ、というのが専門家に共通する見解だ。

しかし、そうした変化が思うように進まない理由のひとつとして、ドライバーがよく口にするのが、道路に設置された充電ステーションの不足である。[2]

シェルは充電ステーション「リチャージプラス」を増設しているが、やっかいなのはとくに都市部におけるラッシュアワーの運転行動パターンだ。

シェルのデータサイエンス担当本部長ダニエル・ジーボンスはこう話す。

「考えてみてください。あなたが数多くの充電ステーションを稼働させている電力グリッド事業者だとします。もし、すべての車が同じ時間帯にプラグを差し込んで充電をはじめたら、グリッドにかかる負荷は相当なものになります。これは太陽光発電ではまかなえません。ラッシュアワーは朝の7～8時ですから」。

となると、充電ステーションに電気を供給するのは（風力などもあるにはあるが）主として化石燃料エネルギーになるわけだ。

しかしそれでは、そもそも地球を守るはずの電気自動車の意味がまったくなくなってしまう！

シェルのシステムはＡＩを活用して解析を実行し、ラッシュ時の充電需要によって生じる負荷を平準化することができる。充電ステーションを使う顧客数の「ピーク」と「底」のパターンを把握して、ＡＩはエネルギー需要の予測に利用できるプロフィールを作成する。

それにより、充電ステーションのネットワークで1日のエネルギー使用量をうまく調整し、必要なときにはいつでも電力が供給され、必要でないときにはムダに生成されないようにすることができる。このシステムは電気自動車充電施設の所有者にリースされている。

ジーボンスはいう。

「顧客の充電プロフィールがわかれば、1日の負荷を平準化して、供給集中によるコストが減り、顧客の金銭的な負担も軽くできます。しかも、再生可能エネルギーの使用量も増やせます。なぜなら、充電施設の所有者は充電プロフィールを知っているので、人々に『昼休みに充電すればお得です』と促すことができるからです」。

「どうすれば効率を上げられるか、どうすればエネルギーの消費パターンを変えて再生可能なエネルギーをもっと有効活用できるか。こうしたことを考えるうえで、人工知能が重要な役割をはたしています」。

◦新たな路線への転換は、新しい収益源につながる

シェルは、電力の生成のほか、充電ステーションの設置およびモニタリング、クラウドにおけるデータ処理、ドライバーとシステムをつなげるアプリの開発、およびそのサポートなど、電気自動車の充電にかかわるエンドツーエンド・ネットワークをあらゆる側面で支えている。

そのため、シェルはすべての段階でデータを集めることができる。たとえば、ドライバーが充電管理に使うアプリによって、シェルはドライバー・プロフィールを作成し、どこの充電ステーションで、どれだけ充電し、次の充電までどれだけあいだが空くのかなどを把握することが可能になるのだ。

ムダの削減による電力費の節減分は、もちろん充電料金の引き下げとして顧客に、あるいは充電

施設の所有者に還元することができる。

シェルのリチャージプラスは現在カリフォルニア州に設置されていて、その結果をモニタリングしたうえで今後ほかの地域にも導入される。具体的な結果はまだ公表されていないものの、ＡＩ技術の導入にはきわめて価値があることが証明され、さらなる整備計画が進むものと予想される。

ジーボンスは次のように語っている。

「実際に私たちデータサイエンス・チームの重要性は大きいです。というのも、ＡＩを活用してビジネスをいまよりももっと効果的かつ効率的にして、信頼性と安全性を高めることができるからです。すばらしいことです」。

「それだけではありません。私たちは理想的な新しいビジネスモデルづくりの一翼も担っています。じつにやりがいがあります。シェルを次世代エネルギー路線へ導くことは、新たな収益源に導く役割をはたすのと同じことですから」。

ラーニングポイント

- シェルがビジネスにＡＩソリューションを取り入れるのは、おもにエネルギー転換という目標を実現させるためだ。転換期にこそＡＩは本領を発揮する。
- 充電ステーションの所有者は、ユーザ基盤が確認できない段階でインフラの設置コストを負担するのを嫌う。しかし、「インフラストラクチャー・アズアデマンド」（そのときどきの需要にもとづいて使用量を柔軟に決定するためのインフラ）を整備することで、シェルとリスクを共有できる。大事なのはリスクの共有だ。
- ＡＩを利用すれば、充電ステーションでピーク時に不要な負荷がかからないよう供給を調整することができる。いまある総量をうまく配分するのもＡＩの得意とするところだ。

1. Fortune, Royal Dutch Shell: *http://fortune.com/global500/royal-dutch-shell/*
2. Autotrader research published in PV Magazine, UK drivers don't plan on buying an electric car for almost a decade: *https://www.pv-magazine.com/press-releases/uk-drivers-dont-plan-on-buying-an-electric-car-for-almost-a-decade/*

48

シーメンス

「鉄道のインターネット」というビジョンのもと、未来の運輸の姿を創りだす

シーメンスAGはドイツの工業コングロマリットで、輸送機械、医療機器、水処理システム、警報機の製造・販売のほか、金融やコンサルティングのサービスも手がけている。

近年、シーメンスは「鉄道のインターネット」というビジョンに取り組んでいる。これは、あらゆるデバイスをクラウドを介してネットワークにつなげ、デバイス間の通信を可能にする「モノのインターネット」の、より広大な鉄道版だ。

「スマート鉄道」関連の製品・サービスの市場が、2017年の110億ドルから2023年には270億ドル超に成長するとの予測を受けて、[1] シーメンスはAI予測プラットフォーム「レイリジェント」を導入し、その分け前にあずかろうと尽力している。

。

「鉄道が遅れない」だけで生まれる巨大なメリット

公共交通機関の遅れによって、世界のいたるところで時間とお金のムダが発生している。人が約束の時間に約束の場所に行けなければ、また、ものが必要なときに必要な場所に届かなければ、そこから先は何もはじまらないのだ。

鉄道の遅延を引き起こす原因には、設備の故障や不具合のほかにも、乗客数の見込みちがい、出発から到着までの所要時間の不正確な予測、効率の悪い運行計画などが考えられる。

レイリジェントでは、輸送システムの動きや運転操作の確認にセンサーとカメラを用いている。それらによって集められた情報から、鉄道システムの「デジタル・ツイン」モデルが構築できる。そうすると、遅延や非効率の原因がいつごろ発生しそうかが予測できるようになる。さらには、それらの遅延原因に迅速に対応するにはどうしたらいいか、そもそもそうしたことが起きないように対策を講じるには何をすべきか、といったことも予測できるようになるのだ。

メリットは3つだ。

第1に、列車の運行計画を厳密に守り、保守や修理をより効率的に実行し、故障や不具合をはるかに迅速に解決できるようになる。これによって、資産の可用性を向上できる。

第2に、鉄道網全体のエネルギー効率を最適化できる。つまり、エネルギー使用量を測定し、いつどこで電力が必要になるかを予測できるのである。相対的にみて、鉄道の環境への負荷は飛行機などほかの移動手段よりは格段に低いが、これをいっそう減らすことができる。

また、鉄道網をマクロレベルの状況で正しく把握して、列車がブレーキを踏む回数を減らせる。再推進に必要なエネルギーを抑えることで、エネルギー総量を節約できる。さらに安全な高速走行も可能になるので、所要時間の短縮にもつながる。

第3に、資産のさらなる有効活用が実現する。具体的にいうと、目的地まで輸送される乗客の数や貨物の量をもっと正確に予測できるようになるのだ。それによって列車の運行回数が減れば、環境への負荷も企業の財務コストも低減するだろう。

◦鉄道の効率は、飛行機と並ぶレベルにまで引きあげられる

レイリジェントは、産業用IoTオペレーティング・システムである「マインドスフィア」につ

ながっている。[2]列車に搭載されたカメラが、エンジン温度、レールの振動数、ドアの開閉にいたるまであらゆることを記録し、これらをもとに、遅延を引き起こす可能性のある要因が突きとめられる。

英国のあるパイロット・プロジェクトでは、300個のセンサーが使用され、1年で100万のセンサーログが生成された。[3]センサーにより集められたデータは故障やダウンタイムのデータと関連づけられる。

電車から収集される内部データのほかに、カメラフィードなどの外部データも利用されている。これにより、前方の線路の画像を記録できるため、不具合があれば自動で認識し、今後故障が発生しそうな箇所をより正確に予測することが可能になる。[4]加えて、人間が線路を手作業で点検する回数が減るため、労働環境の安全性も向上する。

システムは、データをモバイル・データ・ネットワーク経由でリアルタイム送信できるようになっている。ネットワークが十分に整備されていない地域の場合は、列車が目的地に到着した時点でアップロードできるよう設計されている。

シーメンスはテラデータのディスカバリー・プラットフォーム「アスター」を使って、センサーが生成したデータから知見を引きだす。[5] データは報告と可視化のための専用プラットフォームを経由して制御室に送信される。すでに使用されているツールに組み込むことができるので、重要な報告やイベントはＳＭＳで送ることも可能だ。[6]

「列車の数を減らしながら、総走行距離を増やせるため、顧客はコストを削減し資産を有効に活用できます。そのうえ、データ解析により問題の根本原因を迅速に分析し、労働時間を短縮することも可能です」。こう話すのは、シーメンスのモビリティ・データサービス担当ディレクター、ゲルハルト・クレスだ。

ドイツのある鉄道事業者と協力し、シーメンスはベアリング、ギアボックス、その他どんな部品の不具合であっても「予測」を成し遂げた。[7] いまやシーメンスはその予測精度に相当な自信をもっているので、顧客にシステム稼働時間の保証を提供できるということだ。

シーメンスは、鉄道の効率を飛行機と競合できるレベルまでに引きあげ、さらには環境へのプラスの影響を生みだすことを目指している。

ラーニングポイント

- 鉄道ネットワークにおいて、スマート自動化システムが推進されているおもな目的は、遅延を減らして環境影響を最小限に抑えることだ。これは鉄道事業に限らず、さまざまな事業においても重要だ。
- センサーのデータは故障やメンテナンス報告などの業務データとともに解析され、遅延の原因の特定やAIシステムのトレーニングに活かされる。
- 今後、カメラフィードの画像データなどの非構造化データの重要性は増すいっぽうだろう。非構造化データを機械が理解し、ほかのデータソースと関連づけられる情報に転換する画像認識ソフトウェアは、非構造化データの活用用途をとんでもなく拡大する。

1. Garner, Global Smart Railways Market Research Report – Forecast To 2023: *http://garnerinsights.com/Global-Smart-Railways-Market-Research-Report---Forecast-to-2023*
2. Siemens, MindSphere – The Internet of Things (IoT) Solution: *https://www.siemens.com/global/en/home/products/software/mindsphere.html*
3. Teradata, The Internet of Trains: *http://assets.teradata.com/resourceCenter/downloads/CaseStudies/EB8903.pdf*
4. Siemens, Railigent® – the solution to manage assets smarter: *https://www.siemens.com/global/en/home/products/mobility/rail-solutions/services/digital-services/railigent.html*
5. Teradata, The Internet of Trains: *http://assets.teradata.com/resourceCenter/downloads/CaseStudies/EB8903.pdf*
6. Siemens – The Internet of Trains 2.0
7. Forbes, How Siemens Is Using Big Data And IoT To Build The Internet Of Trains: *https://www.forbes.com/sites/bernardmarr/2017/05/30/how-siemens-is-using-big-data-and-iot-to-build-the-internet-of-trains*

49

テスラ

ドライバー、路面、周囲の車──、すべてを認知して走るインテリジェント・カー

テスラは電気自動車の製造・販売のパイオニア企業だ。未来の自動運転車によせる関心も大きく、実際のところ、これまでにつくられたテスラ車はどれもみな、ソフトウェアのアップグレードによっていつか自動運転車になる可能性がある。

テスラはそのほかにも、高性能なバッテリーやソーラーパネルの製造と販売も手がけている。

車の自動運転にはレベル0から5までの6つの段階がある。アダプティブ・クルーズ・コントロールや自動駐車システムなどの機能はレベル1に、公道かどうかを問わずどんな道路も運転者の介入なしに走行できる完全自動運転車はレベル5に分類されている。

設立者でCEOのイーロン・マスクによれば、テスラは近い将来に完全な自動運転車（レベル5）

を実現させる予定だという。

◦ 路上の子どもを助けるか、ドライバーを犠牲にするか

運転には、ことのほか高いレベルの注意力を長時間維持することが求められる。ほかのドライバーの行動や天気、路面の状況などの条件はきわめて変わりやすく、予測が難しいのだ。そのため、2017年に米国だけで4万人以上が交通事故で命を落としたという事実も驚くにあたらない。いうまでもなく、（死亡や重い傷害を引き起こさない）軽微な事故はそれよりもはるかにひんぱんに起きていて、とんでもないリソースと時間がムダにされている。

それに、事故は起こさないまでも、運転に費やされる時間はもっと有効に活用できるはずだ。仕事の生産性をアップする、同乗者と楽しくすごす、車に乗っていない友人や家族とソーシャルメディアでコミュニケーションをとる、寝不足を解消するなど、自動運転なら使い方はさまざまだ。

自動運転車はＡＩを使い、進む方向、予定している目的地、付近を走るほかの車の動きなど、周囲の道路状況にもとづいて意思決定をする。カメラのデータはコンピュータビジョン技術を用いて

処理され、車は「目の前にあるもの」が何かを理解し、それに合わせた対応をすることが可能になる。

AIの稼働レベルは、インターナル（情報の収集と処理を自動車の内部で行う）、グローバル（すべての自動運転車が情報を収集し共有する）、ローカル（近くを走っている自動運転車の「一時的な」ネットワークを介して情報を収集する）の3通りだ。

自動運転車が一般的になれば、トラフィック・カメラ、道路に設置されたセンサー、さらには歩行者のスマートフォンなど、ほかの機械とのネットワークから収集されるデータも活用されるようになるだろう。

テスラの運転支援システム「オートパイロット」は自動運転レベル2に該当し、車が道路状況に合わせて速度を調整したり、車線を変更したり、ルートを変えたり、自動で駐車したりするほか、車を駐車場から「呼びよせる」ことができる。ただし、運転者は常時運転を監視し、いつでも操作を代われるようにしておかなければならない。

AI搭載車には倫理上重要な問題がいくつかあって、いまだに完璧な答えは出ていない。

一例をあげるなら、道で転んだ小さい子どもにぶつかるか、それともドライバーやほかの人々にケガをさせるおそれを覚悟で子どもを避けるか——選択を迫られたとき、自動運転車はどう反応すべきなのだろう（同じ状況に遭遇すれば、もちろん人間にも同じ選択が突きつけられるわけだし、人間がロボットよりも「正しい」判断ができる保証はないのだが）。

こんな意見が聞こえてきそうだ。「十分なデータを与えれば、自動運転車は被害を最小限に抑えられるシナリオを算出し、人間よりもずっと確実な行動がとれるはずだ」と。

けれども、残念なことに、それだけのデータが集まるまでには、たくさんの「まちがった」判断が下され、訓練を積まなければならない。

◦走れば走るほど、AIはドライビングテクニックを磨く

まもなくテスラは、ドライバーとの音声コミュニケーションが可能なSiriスタイルのAIアシスタントの開発に取り組むとみられている。

2018年はじめ、ツイッターで質問を受けたマスクは、テスラのドライバーはもうじき音声制御によって「ほとんどすべてのこと」ができるようになるだろうと答えている。つまり、AIが自然言語処理技術によってコマンドを解析し、自動車はドライバーが発する特定のフレーズの意味を

理解できるようになるというわけだ。

また、マスクによると、テスラのオートパイロット・システムによって交通事故を40％減らすことができるようになるという。

この数字には厳しい視線が注がれていて、それが正しいことを証明できるだけのデータが実際にはない、第三者による検証が行われていないと批判する向きもある。そこで、テスラは今後四半期ごとに安全性と事故に関するデータの報告を実施すると発表した。


これまでにオートパイロットを搭載したテスラ車では2件の死亡事故が起きていて、米国運輸省高速道路交通安全局は安全性の向上についていまだに「明確なエビデンスはない」と述べている。それに対してテスラは、エアバッグが作動する衝突事故の発生率が、オートパイロット・システムの稼働前後で走行距離100万マイルにつき1・3回から0・8回に低下したと報告している。


人間が情報をもとに学習し、知性を磨くのと同様に、データはAIにとっての活力の源だ。

テスラの電気自動車には各種のセンサーが取りつけられている。たとえば、路面状況をスキャンするカメラ、天気の状況をモニタリングする大気センサー、操作中にドライバーが両手をどう使っているかを知るためのハンドル・センサーなどだ。

こうしたデータはすべて機械学習アルゴリズムで処理され、A地点からB地点まで安全に走行するためには、どんな行動をし、与えられた状況にどう反応するのがベストなのか、それらの理解に役立てられる。

いくつかの「既存のテスラ車」はすでに路上を走行し、つねに運転データを集めてクラウドにアップロードしている。自動運転車開発のトップの座をめぐる競争で、ほかの自動車メーカーのほとんどが「依然プロトタイプ」を使っているなか、テスラは有利なスタートを切ったといえる。

また、エヌビディアと提携して第一世代のインテリジェント・ドライビング・ソフトウェアを開発したのち、テスラは社内で独自のAIアルゴリズムの構築に取り組むことを発表している。

ラーニングポイント

- 毎年多くの死亡交通事故が起きていることから、「1トンもの金属の塊を時速100キロ超のスピードで、しかも同じことをしようとしている数多くの人々のごく近くで走らせる」というタスクに、人間の認知能力と運転スキルが理想的といえないのは明らかだ。自動運転という新しい試みは、そういった自明のことに気づかせてくれる。

。自動車に安全な走行のしかたを「学習する」方法を教えるためには、大量のデータを収集しなければならない。さまざまな状況のシミュレーションによってデータを集めることは可能だが、現実世界からの情報のほうが実際の状況をより正確に把握するのに役立つので、価値が大きいだろう。ただし、そうしたデータの収集にはコストがかかり、おそらくは危険をともなう。

。自動運転車の安全性をめぐっては、世論からは不信感がいまだに払拭されていない。それを打ち消せるだけのデータがそろわない限り、政治家は自動運転車走行のための法的枠組みにはきわめて慎重になるだろう。新しい試みをはじめるには、まず信頼を得ることが大事なのだ。

出典

CNBC, Traffic deaths edge lower, but 2017 stats paint worrisome picture: *https://www.cnbc.com/2018/02/14/traffic-deaths-edge-lower-but-2017-stats-paint-worrisome-picture.html*

Wired, Tesla's Favorite Autopilot Safety Stat Just Doesn't Hold Up: *https://www.wired.com/story/tesla-autopilot-safety-statistics/*

50

ボルボ

「世界でもっとも安全な車」という誇りを、未来の自動運転技術に継承する

スウェーデンに本社をもつボルボ・カーズは、安全性に著しく優れた自動車の製造で定評がある。ボルボは、２０１９年以降に販売されるすべての新型モデルを電気自動車またはハイブリッドカーにすると発表し、内燃機関からの完全脱却に時間的目標を設定した最初の大手メーカーとなった。

ボルボは１９９９年に親会社ＡＢボルボからフォード・モーターに売却され、２０１０年にはフォードから中国のコングロマリット浙江吉利控股集団《ジーリーホールディンググループ》に売却された。

ほかの大手自動車メーカーと同じように、ボルボも自動運転技術の開発に大きく賭けていて、２０２１年までに自動運転レベル４に相当する車を市場に投入する計画だという。

ボルボは、「車がどんなふうに利用され、どのような状況で運転されているか」を理解することが、世界トップの安全性を維持するカギだと心得ている。ボルボが誇る安全性は、完全な自律走行が可能な自動運転車開発を牽引する重要な要素なのだ。

◦未来の顧客がほしいものは何か？　いまを知ることでわかる

2015年にボルボは、ネットワークに接続されたボルボ車から収集したテラバイト規模のデータセットを対象に、機械学習による予測解析を開始した。ボルボが開発した早期警報システムは、毎週100万件を超えるイベントを分析し、故障や事故との関連性を調査している。

また、2017年まで続いたあるパイロット・プロジェクトでは、1000台の車にセンサーを搭載して、運転事故の検知と状況のモニタリングを実施した。その狙いは、凍った路面などの危険な状況に遭遇したときの、車とドライバーの反応を正しく理解することにあった。

データ解析戦略が重視したもうひとつの要素は、乗客の利便性だ。そのために、アプリケーションや快適機能の利用状況をモニタリングして、ドライバーがよく使う機能はどれか、あまり（またはまったく）使われていない機能はどれかを把握した。ボルボのビジネス・インテリジェンス・ディレクターを務めるヤーン・ワッセンは、こんなふうに述べている。
「我々はどのタイプのアプリケーションがよく利用されているかを継続的に調べていますが、それは顧客が今後どんなものを開発してほしいと思っているかを知るためなのです」。

◦自動運転のための完全なソフトウェア・スタック

ボルボの車載センサーから集められるデータは、ボルボ・クラウドにアップロードされると同時に、スウェーデンの高速道路当局に提供される。このデータ解析は、テラデータとの提携のもとで実行されている。

自動運転車に必要なシステムを開発するため、ボルボはエヌビディアのほか、世界最大の自動車用安全部品のサプライヤー、オートリブとも手を結んでいる。オートリブと共同でボルボは、安全性を重視した自動運転システムを開発する合弁会社ゼニュイティを設立した。

ゼニュイティの自動運転システムは、車載カメラとセンサーのデータをもとに、深層学習によって車のまわりの物体を認識し、それらに反応する方法を学んでいく。

システムはセンサーから集められるデータをすべて取り込んでリアルタイムの「シチュエーショ

ン・マップ」をつくり、車の周囲360度全方位の画像を人工知能プロセッサーに提供するようプログラムされている。また、いちばん効率的なルートを見つけるために、GPSと高解像度マップのデータも取り込む。

コンピュータビジョン、センサー・フュージョン（訳注：複数のロボットセンサーの情報を使って新しい情報を抽出する方法）、意思決定、車両コントロール、クラウド・アプリケーション接続、などのためのアルゴリズムを内蔵するシステムは、まさに、「自動運転のための完全なソフトウェア・スタック」と評されている。

システムをリアルタイムで稼働させるには膨大なコンピュータ処理能力が必要なので、社内独自の処理システムを構築するのではなく、ゼニュイティはDell EMCとヴイエムウェアとの提携を通じて高性能コンピューティング・アズアサービスを利用している。

予測解析を重視したことによって、自動車に生じるおそれのある故障やエラーをより早期に、そして正確に把握することが可能になった。その結果、保守点検センターや修理センターなどは、今後発生する業務や部品交換の必要性を的確に予測できるようになった。

自動運転開発事業も「ドライブ・ミー」プロジェクトとして実を結ぼうとしている。これは、スウェーデン、ヨーテボリの一般家庭に自動運転能力を有する「XC90 SUV」を提供する実証実験で、中国と英国でも実施される。ユーザは通常通り手動で運転するが、市内の道路の一部（31マイル）では完全自動運転モードに切り替えることができる。

ラーニングポイント

- ほかの大手自動車メーカーと同じで、ボルボ・カーズは「車の未来は自動運転にあり」とみていて、それを実現させるカギとなるのが深層学習だと強く信じている。深層学習は目的が明確であってはじめて期待に応えてくれる。
- 自動運転車の大群がいきなり路上を走行しはじめるようなことはなく、普及は徐々に進んでいく。つまり、自動化は段階的に進行し、やがて完全自動運転車が一般的になるだろう。途中の段階で得られる知見の集積は、普及の近道につながる。
- 安全性は自動車が自律的であることの主要なメリットのひとつと考えられている。何事も正しく訓練すれば、ヒューマンエラーによって引き起こされる事故の数が著しく減るはずだ。

出典

CNBC, Geely's Volvo to go all electric with new models from 2019: *https://www.cnbc.com/2017/07/05/geelys-volvo-to-go-all-electric-with-new-models-from-2019.html*

Cio, The rubber hits the road with AI implementations: *https://www.cio.com/article/3297496/analytics/the-rubber-hits-the-road-with-ai-implementations.html*

Motor Authority, Volvo delivers first self-driving cars to families in Drive Me project: *https://www.motorauthority.com/news/1108300_volvo-delivers-first-self-driving-cars-to-families-in-drive-me-project*

Volvo Cars, Volvo Cars and Autoliv team up with NVIDIA to develop advanced systems for self-driving cars: *https://www.media.volvocars.com/global/en-gb/media/pressreleases/209929/volvo-cars-and-autoliv-team-up-with-nvidia-to-develop-advanced-systems-for-self-driving-cars*

おわりに

本書で紹介したＡＩ活用の実例が、現状の正しい理解に役立ち、さらにはみなさん自身のキャリア、ビジネス、あるいは業界全体へのＡＩ実装を検討するきっかけになってほしいと思う。

ＡＩがもたらす機会をつかみ取るための競争と無縁な人はいない。

競争に加わらなければ、ＡＩゴールドラッシュから置いてけぼりをくらうにちがいない。

私は、ＡＩ先進企業から既存の大手企業、スタートアップにいたるまで、世界の名だたる企業の多くと仕事をしてきた。その経験から、ＡＩ開発をできるだけ順調に進めていくうえで対処すべき課題が見えてきた。

そのなかから重要なものをいくつか紹介して本書を締めくくることにしよう。

「ＡＩができること」の真の意味を理解しておこう

ＡＩへのアプローチはくれぐれも戦略的に行うこと。

時代遅れのビジネスモデルにＡＩを適用しないこと。

本書でも多くの事例を紹介したが、ＡＩは企業のビジネスモデル、ひいては業界全体を変革することを可能にした。私は一流企業や政府の顧問を務めるなかで、優れたＡＩ・データ戦略を策定し、ＡＩの力で解決できるビジネス上の課題を明らかにすることがいかに重要かを目の当たりにしてきた。

ＡＩ戦略についての合意なくして、ＡＩの導入を成功させて実際のビジネスで成果をあげるのは不可能である。

役員室から工場の現場にいたる組織のすべての人々が、ＡＩとは何か、ビジネスにとって何ができるのかを理解しなければ、第四次産業革命における企業の繁栄はおよそあり得ない。

各企業ではＡＩの専門知識が圧倒的に不足しているため、激しい人材獲得競争が起きている。きわめてスキルの高い人々がロックスター並みの報酬を要求し、ＡＩ先進企業に軒並みさらわれているのだ。

人材不足を理由に、多くの企業がＡＩプロジェクトをコンサルティング会社に委託している。大手コンサルティング会社はどこも質の高いＡＩ関連サービスを提供している。

しかし安心してはいけない。企業は社内のスキルを高める必要性を自覚することが大事だ。この先ＡＩはすこぶる重要な競争要因になるため、それをずっと外部に任せていては、結局は企業の競争力を弱めることになりかねない。

コアスキルの社内育成に注力し、外部の専門家を招いて能力強化を図り、スキルと専門知識を企業内部で確実に育成するのが望ましい。

これまで多くの企業や政府に協力し、彼らのＡＩについての理解、データ・リテラシー、データサイエンス分野の能力向上に力を貸すなかで、「育成をしたか／しなかったか」がもたらすちがいを私は身をもって実感している。

「ＡＩができること」の意味を人々が理解し、アイデアを実行に移せるだけの社内スキルを活用できれば、企業は急速に発展していくだろう。

データはＡＩの原材料だ。質の高いデータがあれば質の高いＡＩアルゴリズムができる。最良のデータをそろえられれば、たちまちライバル企業より優位に立てるだろう。

よって、データを不可欠な「ビジネス資産」として扱い、ビジネスに本当に必要なデータは何かを明らかにすることが重要だ。

企業は、知的財産権、法的権利、プライバシーなどいずれの観点も総合的に考慮して、必要なデータへのアクセスを確保しなければならない。データ戦略を定めて、将来必要になるきわめて重要なデータセットが何かを特定し、自社の利益のためにそうしたデータを収集・活用できる企業だけが、ＡＩ導入成功の基礎を築くのだ。

ＡＩを最大限有効に活用するには、企業はデータを収集し、保存し、処理できなければならない。サイロ化したデータストレージや旧式のＩＴインフラが、しばしば既存の企業にとって大きな障壁になっている。第四次産業革命の時代に繁栄するのは、「最新のデータクラウド」「モノのインターネット」（ＩｏＴ）「エッジコンピューティング」といったテクノロジーを組み合わせることができる企業だ。

ＡＩが偏見や差別意識をもってはならない

ＡＩは私たちに、「世のため人のためになること」を行うビッグ・チャンスを与えてくれる。しかしそのいっぽうで、（どんな技術革新もそうであるが）善を行えるテクノロジーはまた同様に、悪も行うことができるのだ。

ＡＩを人々や社会の役に立つよう適切に利用し、人を食い物にしたり不利益を被らせたりするような使い方をしないよう、企業は徹底を図らなければならない。

ＡＩには、まだ答えの出ていない倫理上の問題が数多くある。

たとえば、自動運転車にＡＩを搭載する場合、アルゴリズムはほかの道路利用者よりも乗員を守ることを優先すべきだろうか？　非常事態が起きたとき、乗員の命を救うのとバス停で待っている子どもの命を救うのと、どちらが正しいかを自動車はどうやって判断するのか？　武器に使われるＡＩの倫理とは何だろうか？　自律型ロボット、戦車、ドローンで戦争をすれば部隊の死亡者は減ると主張する人がいるだろう。けれども、そもそもＡＩに人間の介入なしで人を殺せる能力を本当に与えていいのだろうか。

企業は倫理的な問題について、ＡＩ利用の透明性をできるだけ確保する必要がある。

さらに企業はＡＩから、特定の人々に対する偏見や差別意識をなくさなければならない。ＡＩのトレーニングに現実世界のデータを使用すると、人間が誰かの悪意に影響を受けるのと同様に、偏見や差別意識を招くおそれがある。かつてマイクロソフトには、ＡＩのツイッター・チャットボットが人間のユーザの言動をまねしたことで、人種差別的な発言をしたり他人をののしったりするようになった、という苦い経験がある。[1]

企業は、自社のＡＩから偏見も差別意識も徹底的に排除し、ＡＩが下す意思決定の根拠をもっとていねいに説明するよう心がけるべきだ。ＡＩの深層学習の意思決定は、ややもするとブラックボックスになりかねない。深層学習のプロセスが複雑すぎるので、もはや人間には理解できず、その根拠をさかのぼって調べることができないからだ。

フェイスブックのアルゴリズムがターゲット（訳注：アメリカにあるディスカウント百貨店チェーン）ではなくウォルマートの広告を表示する理由はどうでもいいが、もしＡＩが「肝臓を摘出しないか」だの「誰かを刑務所に送ろう」だのといってきたら、どういうわけでそんな提案をするのかを詳しく知らなければならない。

２０１６年、業界大手のアマゾン、アップル、グーグル、ＩＢＭ、マイクロソフトは、共同で「人々と社会に利益をもたらす人工知能のためのパートナーシップ」（パートナーシップ・オン・ＡＩ）を設立した。

その目的は、ベストプラクティスを確立・共有し、社会におけるＡＩへの理解を促進し、議論のためのオープン・プラットフォームを提供し、さらに、社会的利益を目的とした意欲的なＡＩの取り組みを明らかにすることだ。現在、13カ国80以上の組織がパートナーシップに加入している。

ＡＩはまちがいなく未来を揺るがす、しかし私たちの未来を築くのは私たち自身だ

ＡＩは雇用に大きな影響を及ぼすだろう。

過去の産業革命がどれもそうだったように、ひとたび改革が起これば それまで人間が行ってきた多くのタスクは自動化される。今回のＡＩ主導の第四次産業革命が異なるのは、そうしたリスクがあるのが、タクシー運転手やスーパーのレジ係といった非専門職だけではない点だ。

ＡＩには、会計士、弁護士、医師など、きわめて専門性の高い職業の、さまざまな業務やタスクをこなす能力もある。たとえ仕事を奪われるとまではいかなくとも、まちがいなくほとんどの職業でＡＩが補助的に使用されることになるだろう。

こうした事態に備えるよい方法がある。

自分の仕事を、現在あるいは近い将来自動化される可能性があるタスクと、ＡＩにはできないと思われるタスクに分類するのだ。そして、ＡＩと競合する可能性の低いスキル、人間ならではの感

性を活かせるスキルにフォーカスするのが賢明といえるだろう。
共感、社会的コミュニケーション、批判的思考や戦略的思考、手先の器用さ、想像力、ビジョニング（訳注：先を読み、そこで自分はこうありたいと思う姿をイメージすること）。これらのどのスキルをとっても、ＡＩは人間にかなわない。

ＡＩによる産業革命は、同時にまったく新しい職を生み出し、ＡＩやデータサイエンス関連のスキルの需要拡大は当面のあいだとどまるところを知らないだろう。機械学習エンジニア、データサイエンティスト、クラウドアーキテクト、マシンビジョンのエキスパート、自然言語エンジニア、ＩｏＴアーキテクト、データトランスレーター、ブロックチェーン・ディベロッパー、データセキュリティのエキスパートといった新しい職種には、今後非常に高い需要が見込まれる。

ＡＩは雇用市場を大きく揺るがし、いまの働き方を一変させるだろう。とはいえ結局のところ、私たちの未来を築くのは私たち自身だ。私たちが生きたい世界、人間にとってよりよい世界をつくれるかどうかは、私たち自身の手に委ねられている。

ＡＩがやってくれるタスクのなかには、たとえば、納税申告書の作成、膨大な数の訴訟事例の調査、データのコピーや再入力など、人間がするべきだとは必ずしもいえないものがあるのは明らかだ。それに、ＭＲＩスキャンで異常を見つけてがんを検知する、英語の文書を中国語に翻訳するなど、ＡＩが人間よりもうまく、確実にできるのならば、それは何らかの形でＡＩに任せるべきなのだ。

ＡＩには世界をよくする潜在能力があるが、それを実現させるには、私たちが正しい意思決定をしなければならない。

未来はみなさんにお任せすることにしよう。本書が第一歩を踏みだすきっかけになれば幸いだ。

1. The Guardian, Tay, Microsoft's AI chatbot, gets a crash course in racism from Twitter: *https://www.theguardian.com/technology/2016/mar/24/tay-microsofts-ai-chatbot-gets-a-crash-course-in-racism-from-twitter*

著者紹介

バーナード・マー

国際的なベストセラー作家であるほか、人気の基調講演者、フューチャリストであり、政府や企業のビジネスとテクノロジーの戦略アドバイザーとして活動している。組織とそのマネジメント・チームが、人工知能、ビッグデータ、ブロックチェーン、モノのインターネットといった、世界を変えるテクノロジーによって加速する新たな産業革命に備えるのに力を貸している。

IBM、マイクロソフト、グーグル、ウォルマート、シェル、シスコ、HSBC、トヨタ、ボーダフォン、T－モバイル、NHS、ウォルグリーン・ブーツ・アライアンス、内務省、国防省、NATO、国連など、世界の有名な組織の多くと仕事をし、助言を行っている。

世界経済フォーラムに定期的に寄稿し、『フォーブス』誌に毎週コラムを執筆。また、ソーシャルメディアのインフルエンサーとしても多大な影響力を発揮しており、リンクトインのランキングで世界のトップ5に入り、英国では第1位に輝いている。リンクトインのフォロワー数は150万人。フェイスブック、ツイッター、ユーチューブ、インスタグラムにおける強力なプレゼンスが、日々数百万もの人たちと積極的にかかわるバーナードの基盤だ。

これまでに執筆した書籍は15冊を超え、注目すべきレポートや記事は多数にのぼる。代表作に国際的なベストセラーとなった『Data Strategy（データ戦略）』『Big Data（ビッグデータ）』『Big Data in Practice（ビッグデータ実践編）』『Big Data for Small Business（スモールビジネスのためのビッグデータ）』『Key Business Analytics（主要ビジネス分析）』『The Intelligent Company（インテリジェント・カンパニー）』がある。

マット・ワード

バーナード・マー・アンド・カンパニーのリサーチ・リーダーを務めている。リサーチとケーススタディのためのインタビューがおもな業務だ。本書をはじめ、バーナード・マーの記事の多くにかかわっている。

訳者紹介

安藤貴子

英日翻訳者。訳書に『つきあいが苦手な人のためのネットワーク術』（CCCメディアハウス）、『ミーティングのデザイン』、『デザイナーのためのプロトタイピング入門』（ともにビー・エヌ・エヌ新社）、『おもてなし幻想』（実業之日本社）などがある。

世界のトップ企業50はAIをどのように活用しているか？

発行日　2020年10月25日　第1刷

Author　バーナード・マー／マット・ワード
Translator　安藤貴子（翻訳協力：株式会社トランネット）
Book Designer　三沢 稜（tobufune）

Publication　株式会社ディスカヴァー・トゥエンティワン
〒102-0093　東京都千代田区平河町2-16-1 平河町森タワー11F
TEL　03-3237-8321（代表）03-3237-8345（営業）
FAX　03-3237-8323
https://d21.co.jp

Publisher　谷口奈緒美
Editor　林秀樹

Publishing Company
蛯原昇　梅本翔太　千葉正幸　原典宏　古矢薫　佐藤昌幸　青木翔平　大竹朝子
小木曽礼丈　小山怜那　川島理　川本寛子　越野志絵良　佐竹祐哉　佐藤淳基　志摩麻衣
竹内大貴　滝口景太郎　直林実咲　野村美空　橋本莉奈　廣内悠理　三角真穂
宮田有利子　渡辺基志　井澤徳子　小田孝文　藤井かおり　藤井多穂子　町田加奈子

Digital Commerce Company
谷口奈緒美　飯田智樹　大山聡子　安永智洋　岡本典子　早水真吾　三輪真也　磯部隆
伊東佑真　王廳　倉田華　榊原僚　佐々木玲奈　佐藤サラ圭　庄司知世　杉田彰子
高橋雛乃　辰巳佳衣　谷中卓　中島俊平　西川なつか　野﨑竜海　野中保奈美　林拓馬
林秀樹　牧野類　三谷祐一　元木優子　安永姫菜　青木涼馬　小石亜季　副島杏南
中澤泰宏　羽地夕夏　八木眸

Business Solution Company
蛯原昇　志摩晃司　藤田浩芳　野村美紀　南健一

Business Platform Group
大星多聞　小関勝則　堀部直人　小田木もも　斎藤悠人　山中麻吏　伊藤香　葛目美枝子
鈴木洋子　福田章平

Corporate Design Group
松原史与志　岡村浩明　井筒浩　井上竜之介　奥田千晶　田中亜紀　福永友紀　山田諭志
池田望　石橋佐知子　石光まゆ子　齋藤朋子　俵敬子　丸山香織　宮崎陽子

Proofreader + DTP　株式会社T&K
Printing　日経印刷株式会社

ISBN 978-4-7993-2681-7